PRODUTIVIDADE SAUDÁVEL

LAURA MAE MARTIN

Especialista em produtividade do Google

PRODUTIVIDADE SAUDÁVEL

Conquiste mais, previna o burnout e cultive o equilíbrio entre vida pessoal e profissional

Tradução
Carolina Rodrigues

Rio de Janeiro | 2024

Copyright © 2024 by Google, LLC. Todos os direitos reservados.
Copyright da tradução © 2024 por Casa dos Livros Editora LTDA.
Todos os direitos reservados.

Título original: *Uptime*

Todos os direitos desta publicação são reservados à Casa dos Livros Editora LTDA. Nenhuma parte desta obra pode ser apropriada e estocada em sistema de banco de dados ou processo similar, em qualquer forma ou meio, seja eletrônico, de fotocópia, gravação etc., sem a permissão dos detentores do copyright.

COPIDESQUE	Laura Folgueira
REVISÃO	Elisabete Franczak Branco e Juliana da Costa
CAPA	Adaptada do projeto original de Ma'ayan Rosenzweig
ADAPTAÇÃO DE CAPA	Osmane Garcia
DIAGRAMAÇÃO	Abreu's System
ILUSTRAÇÕES DE MIOLO	Adaptadas das originas de Ma'ayan Rosenzweig

Dados Internacionais de Catalogação na Publicação (CIP)
(Câmara Brasileira do Livro, SP, Brasil)

Martin, Laura Mae
  Produtividade saudável: Conquiste mais, previna o burnout e cultive o equilíbrio entre vida pessoal e profissional / Laura Mae Martin; tradução Carolina Rodrigues. – Rio de Janeiro: HarperCollins Brasil, 2024.

  Título original: Uptime: a practical guide to personal productivity and wellbeing
  ISBN 978-65-5511-607-6

  1. Equilíbrio (Psicologia) 2. Produtividade do trabalho 3. Tempo - Administração I. Título.

24-219709   CDD-158.1

Índice para catálogo sistemático:
1. Administração do tempo: Psicologia aplicada   158.1
Bibliotecária responsável: Tábata Alves da Silva – CRB-8/9253

HarperCollins Brasil é uma marca licenciada à Casa dos Livros Editora LTDA.
Todos os direitos reservados à Casa dos Livros Editora LTDA.

Rua da Quitanda, 86, sala 601A – Centro
Rio de Janeiro/RJ – CEP 20091-005
Tel.: (21) 3175-1030
www.harpercollins.com.br

Para meus Conselheiros Semanais,
E para Jake: a melhor coisa que me aconteceu foi você 😊

SUMÁRIO

Introdução Tempo de produtividade   9

PARTE I: O QUE FAZER

Capítulo 1 Três principais prioridades   25
Capítulo 2 Como dizer não   39
Capítulo 3 A Lista-funil   56

PARTE II: QUANDO FAZER

Capítulo 4 Conheça seu ritmo   77
Capítulo 5 Calendário base zero   85
Capítulo 6 Revisão de tempo   96
Capítulo 7 Procrastinação e como superá-la   107
Capítulo 8 Como o tempo de ócio alimenta o tempo de produtividade 119

PARTE III: ONDE FAZER

Capítulo 9 Local é tudo   129
Capítulo 10 Áreas de concentração e áreas de descontração   139

PARTE IV: COMO FAZER BEM-FEITO

Capítulo 11	O equilíbrio dos limites	151
Capítulo 12	Um plano para planejar	167
Capítulo 13	Torne as reuniões reunitivas	173
Capítulo 14	Transforme suas ferramentas em ferramentas poderosas	188
Capítulo 15	Antecipe-se às distrações	197
Capítulo 16	Dominando o e-mail: o método da lavanderia	205

PARTE V: COMO VIVER ENQUANTO ESTIVER FAZENDO TUDO

Capítulo 17	Rotinas quando:então	227
Capítulo 18	Terça sem tecnologia	236
Capítulo 19	Manhãs conscientes	246
Capítulo 20	Conquistando tempo de produtividade	258

AGRADECIMENTOS	263
NOTAS	268

Introdução

TEMPO DE PRODUTIVIDADE

Passei o último sábado maratonando episódios antigos de *Heart-land* por dez horas enquanto comia pipoca, parando só para tirar uma soneca de meia hora no começo da tarde.

E esse foi um dos dias mais produtivos da minha vida.

Como é possível?

De acordo com as regras da "velha produtividade", trabalhar com afinco, trabalhar mais e trabalhar o tempo todo são as chaves para concretizar as coisas. Por que "desperdiçar" um sábado quando você poderia estar riscando itens da sua lista? Quase sempre a definição de produtividade é *quantos* itens riscamos da nossa lista. Mas como saber que as coisas dessa lista são as certas? Como sabemos que o espaço de tempo no qual escolhemos fazer algo vai produzir o melhor resultado com base em nossos níveis de energia? Se fizermos muitas coisas hoje, vamos ficar exauridos demais para produzir boas ideias amanhã?

Quando sua intenção condiz com sua ação, isso é produtivo. No exemplo acima, meu marido se ofereceu gentilmente para levar meus três filhos para passar o dia na casa dos pais dele, o que me permitiu tirar uma folga. Minha *intenção* era relaxar e terminar de assistir a uma das minhas séries favoritas. Minha *ação* foi aproveitar tudo do conforto do meu sofá sem ser interrompida. A combinação dessas duas coisas criou um dia produtivo.

Produtividade é 1) definir com clareza o que você quer fazer, 2) destinar o tempo e o lugar (certos) para fazer isso e 3) executar bem dentro do tempo determinado. Podemos definir a prática consistente dessas três coisas como encontrar seu *tempo de produtividade*.

No mundo da tecnologia, tempo de produtividade é o tempo que um computador passa sendo operacional e produtivo. No seu mundo, tempo de produtividade é o tempo que você passa sendo operacional e produtivo, não importa o que escolha fazer. Seu tempo de produtividade pode ser um trabalho, mas também pode ser cuidar dos filhos, liderar o próprio negócio, estudar ou até mesmo fazer arte. Tempo de produtividade não se refere apenas a suas horas de pico de produtividade, mas sim a toda a energia que flui por você durante seu dia mais produtivo. Tempo de produtividade é quando você se sente "totalmente concentrado", concluindo tarefas, tirando itens da sua lista de afazeres. Também é quando você relaxa e está presente no momento em que escolheu se desligar e desopilar. É se sentir bem fazendo aquilo que você pretendia fazer.

Gosto de pensar que encontrar seu tempo de produtividade é sinônimo de "fluxo". É quando você define intenções e as segue sem dificuldade, porque criou um ambiente propício para seu progresso. É mais do que só concluir tarefas. É a energia que vem com a clareza e a concentração, com a tranquilidade que você sente ao viver seu dia e sua semana. É sentir seus melhores e mais produtivos resultados, tanto no trabalho quando na vida pessoal. Tempo de produtividade significa se sentir produtivo *e* energizado.

Vamos nos livrar da ideia de que produtividade é ficar atarefado, emendar uma coisa na outra e estar constantemente "ligado". Em vez disso, vamos substituir essa versão ultrapassada de produtividade pela ideia de *tempo de produtividade*. Sai o caos, entra a calma. Sai o viver ocupado, entra ter mais equilíbrio. Saem suas velhas ideias de produtividade, entra o novo estado de tempo de produtividade.

O tempo de produtividade começa com uma compreensão fundamentada em si mesmo como uma pessoa inteira. O que faz você feliz dentro e fora do trabalho? Qual é o seu ritmo natural e em que horários costuma ter picos de criatividade, concentração ou eficiência? Em que momento você fica mais engajado em reuniões? O que faz você se sentir imparável na hora de responder a e-mails? Quando você precisa dar um tempo, pensar sem ser interrompido ou aprofundar suas conexões sociais?

O tempo de produtividade se utiliza de uma perspectiva holística: o que podemos realizar, como podemos realizar, quanto estamos satisfeitos e como isso contribui para coisas como inovação, retenção do emprego e burnout. Os anos da pandemia nos mostraram que o modelo de "ficar sentado na cadeira das 9 às 17 horas" não é o mais viável. Agora precisamos de ferramentas e habilidades para administrar nossa carga de trabalho, nosso tempo e nossa própria agenda para sermos trabalhadores melhores e pessoas mais felizes.

O tempo de produtividade opera em um nível sustentável. A diferença entre um dia cheio e um dia produtivo se resume a energia, atenção e impacto. É uma questão de potencializar tempo e concentração. O mais importante não são as ferramentas, mas, sim, a *intenção* por trás delas.

O tempo de produtividade não acontece por engano, mas com intenção. É uma questão de prioridades cuidadosamente selecionadas e excelência em execução. Ele segue um conjunto de princípios que aperfeiçoei por mais de dez anos em orientação de executivos e desenvolvimento de treinamentos para meus colegas no Google.

E, agora, estou trazendo tempo de produtividade para você.

POR QUE EU?

Comecei no Google quase catorze anos atrás, na área de vendas. Eu gerenciava mais de cinquenta relacionamentos com clientes e logo de cara me vi sobrecarregada com o número de pedidos recebidos. Então, organizei minha caixa de entrada de modo a transformá-la em um painel de fluxo de trabalho. Comecei a marcar minhas ligações de venda apenas de terça a quinta, para poder preparar tudo na segunda e enviar as observações finais para o cliente na sexta. As pessoas se perguntavam como eu estava com o trabalho sempre em dia e mantinha meus clientes (e eu mesma) felizes. Colegas começaram a querer saber como eu me organizava para manter esse resultado. Como eu batia minhas metas sem ser a primeira a chegar ao escritório todos os dias ou a última a sair? Logo, foi ficando evidente que a área de vendas não era minha praia, mas administrar meu tempo e meu fluxo de trabalho, sim.

Ao longo dos oito anos seguintes, desenvolvi o programa Productivity@Google e comecei a trabalhar com todos os funcionários da empresa, os Googlers, de novatos (Nooglers) a executivos. Desenvolvi sessões de treinamento para ensinar às outras pessoas da empresa meus métodos de produtividade. Agora, trabalho no Conselho do CEO, no qual oriento e treino executivos a respeito de estratégias para realizar mais coisas, mantendo a calma e os pés no chão enquanto fazem isso. Usei as ferramentas do Google Workspace — de Gmail a Meet — para ajudar estagiários, novos empregados, engenheiros plenos, nossos executivos mais experientes e funcionários de todos os níveis em outras empresas a dominar a produtividade. Comecei uma newsletter que um terço de todos os funcionários do Google assinaram, e dezenas de milhares de profissionais assistiram a meus workshops e os avaliaram muito bem. E fiz tudo isso enquanto construía uma família — com três filhos com menos de 4 anos!

Este não é um livro só para os Googlers, e não é um livro só para executivos, tampouco apenas para pessoas que trabalham. É um livro para *qualquer um* que queira ser dono do próprio tempo, qualquer um que queira curtir a sensação da realização com serenidade. É um guia para funcionários, estudantes, pais e também empreendedores.

Escrevi esta obra para trazer para você tudo o que aprendi sobre produtividade. No final, você vai se sentir mais leve, mais animado e mais no controle das coisas das quais precisa dar cabo — tanto na vida profissional quanto na pessoal. Talvez, mais importante ainda, vai se sentir no direito de *não* fazer determinada coisa quando souber que *não* é a hora certa — e, quando *for* a hora certa, você vai executar a tarefa com excelência.

O livro está dividido em cinco partes:

1. *O que* fazer: como escolher suas prioridades e dizer não a todo o resto.

2. *Quando* fazer: como aprender e aproveitar seus picos e vales de produtividade natural.

3. *Onde* fazer: como tirar proveito dos ambientes onde você trabalha, quer no esquema híbrido, sempre em casa ou sempre no escritório.

4. *Como* fazer bem: como executar as coisas que você decidiu fazer com excelência e eficiência absolutas.

5. Como viver bem *enquanto* faz isso: como ser feliz, bem-sucedido e consciente enquanto apronta tudo.

Vou começar apresentando os princípios da produtividade que serão mencionados ao longo dos capítulos. Muitos dos meus ensinamentos são fundamentados nessas ideias, e vou referenciá-las ao longo do livro.

OS PRINCÍPIOS DA PRODUTIVIDADE

PRODUTIVIDADE = VISÃO + EXECUÇÃO

Desde a revolução industrial, com ênfase no rendimento por trabalhador e nos indicadores da linha de produção, nos concentramos na produtividade como prática de eficiência e resultado. No entanto, os indivíduos mais produtivos, na verdade, têm dois importantes atributos: visão *e* execução. Vamos pensar em um "ciclo" como qualquer pendência flutuando em seu cérebro — uma ideia, algo que você precisa comprar, algo em que você "pensou", um *insight*, um próximo passo, algo que você precisa falar com alguém. Abrir mais ciclos novos é *visão*: juntar ideias, permitir que as coisas sejam assimiladas, pensar na relação de dois itens que antes você não tinha considerado (a definição de criatividade) ou bolar algo que você devia fazer ou uma nova forma de resolver um problema. Fechar esses ciclos é *execução*: tirar essas coisas de uma lista de afazeres, dar os próximos passos e agir em cima da sua visão. Uma pessoa com boa visão abre vários ciclos. Alguém com boa execução os fecha. Uma pessoa produtiva faz as duas coisas: ela tem a visão e depois a executa.

Abrir um ciclo é, durante sua rotina diária, ter uma ótima ideia de como resolver uma questão da sua equipe. Fechar o ciclo é mandar um e-mail para ela a respeito de como atuar em cima dessa ideia. Seu dia gira em torno de fechar e abrir ciclos. Muitas pessoas ficam tão atoladas em fechar ciclos que não arrumam tempo para que novos ciclos se apresentem. Elas *executam*, mas não *vislumbram*. Outras têm diversas ideias ótimas, mas nunca as colocam em prática. Você precisa das duas coisas. Se está encerrando ciclos ou riscando coisas da sua lista de afazeres, mas não gerando novas ideias, fazendo brainstorming, pensando em longo prazo ou bolando soluções criativas (abrindo novos ciclos), então, você está resolvendo só metade da equação da produtividade.

Quando pergunto a executivos onde eles têm suas melhores ideias (ou "novos ciclos"), as três respostas principais são 1) *no banho*, 2) *no trânsito*, 3) *em meio a algo relaxante e sem relação com trabalho* (como cozinhar ou passear com o cachorro). Nosso cérebro precisa desses tempos de ócio para se recuperar e gerar novas ideias. Por outro lado, as respostas nunca incluem estar imerso em reuniões ou no meio de uma triagem de sua caixa de entrada. Há menos espaço nessas atividades para novos ciclos surgirem.

Assim como um elástico, você deve ir para trás e parar antes de fazer um lançamento com todo seu potencial. Tempo de descanso é tempo produtivo se você usá-lo de forma estratégica.

Entender como um ciclo funciona ajuda a compreender o valor da visão e da execução.

Em sua vida, o ciclo se move pelo que chamo de os *5 Cs da Produtividade*. Vamos abordar cada uma dessas etapas nos capítulos a seguir: como encontrar momentos *calmos* para *criar* novas ideias, como e onde *capturar* novas ideias e, mais importante, como elaborar um processo que *consolide* todos esses ciclos em um sistema fácil de seguir, que garanta que você finalize ou *feche* cada ciclo.

Vamos dar uma olhada em um exemplo dos *5 Cs da Produtividade*, percorrendo um ciclo em sua vida útil:

- *Calma*: você arrumou tempo para passear com seu cachorro depois do trabalho.
- *Criação*: surge uma ideia que seria interessante apresentar a um de seus clientes da área de vendas para a campanha que ele vai lançar.
- *Captura*: você anota isso no celular e, mais tarde, passa para sua Lista-funil (mais sobre o assunto e esse processo no Capítulo 3).
- *Consolidação*: à noite, você monta sua lista de tarefas para o dia seguinte e marca um horário para ligar para seu cliente e falar sobre a ideia, às 10 horas.
- *Conclusão*: você fala com seu cliente e implementa a adição à campanha dele.

Esse é o ciclo constante que conduz você por todo o caminho, desde ter novas ideias (visão) até se certificar de que elas foram colocadas em prática (execução). Cada capítulo vai mostrar como você pode cumprir ambas as partes da equação da produtividade.

EQUILÍBRIO É O NOVO OCUPADO

Quando os aparelhos pessoais portáteis entraram em nossa vida, eles nos deram a ideia de que poderíamos poupar tempo ao ter tudo acessível em qualquer lugar.

Mas, de repente, como o e-mail estava a um toque de distância, tudo parecia mais urgente. Enquanto isso, bate-papos e mensagens de texto nos seguiam por todo lado, invadindo o momento presente. A ironia é que os aparelhos podem acabar nos fazendo desperdiçar mais tempo do que poupá-lo, a menos que tenhamos uma intenção real no modo de usá-los.

Muitos de nós também têm mais reuniões do que nunca. E reuniões sobre essas reuniões. Pense em quantas vezes você perguntou como estava o dia de alguém — ou perguntaram como estava o seu —, apenas para receber ou dar uma resposta mencionando a *agenda atarefada, reuniões seguidas* e a falta de tempo para almoçar ou até mesmo ir ao banheiro. Isso é a antiga produtividade falando.

Fomos longe demais na glorificação desse estilo de trabalho. Tornamos bacana ser ocupado demais. Confundimos ocupado com importante. Ouvir isso dos outros nos faz pensar neles como pessoas importantes, mas não é uma forma de criar um ambiente sustentável de trabalho. Alguns dos executivos mais bem posicionados têm as agendas mais tranquilas e passam quantidades significativas de tempo fazendo brainstorming, lendo as notícias do mercado, criando ou apenas pensando. Eles enxergam o valor de um tempo não estruturado entre reuniões para se reagrupar e processar informação. Sabem que apenas ponderar sozinhos sobre os problemas pode ser sua melhor contribuição para que as coisas avancem.

Então, por que perpetuamos essa noção de que ser ocupado é um sinal de conquista? Ou que participar de diversas reuniões é um símbolo de honra?

Portanto, meu argumento é de que *equilíbrio é o novo ocupado.*

TRATE SEU TEMPO COMO UMA CONTA BANCÁRIA DE ENERGIA

Todos sabemos que o tempo é um dos nossos recursos mais finitos, mas por que costumamos agir como se ele fosse ilimitado?

Pergunte-se: ao assumir um novo projeto — de que vou tirar tempo? Novo subordinado direto — quem ou o que vai receber menos do meu tempo consequentemente? Nova reunião quinzenal — o que eu estaria fazendo nesse tempo? Mantendo essa mentalidade de compensação, conseguimos estabelecer prioridades e encontrar um equilíbrio saudável para nós a cada ocasião. Tudo bem ter limites. Na verdade, é essencial. E tudo bem você ser exigente em relação ao que dedica seu tempo. Você pode construir capital social e também ser um bom colega.

Precisamos pensar no tempo como uma conta bancária. Se alguém pedisse dinheiro da sua conta, você não diria: *"Claro! Aqui está meu cartão e minha senha. Pegue quanto quiser!"*. Então, por que fazemos isso com nosso tempo? Se alguém pede para fazer uma reunião, quantos de nós dizemos: *"Claro! Tome tempo do meu calendário!"*. É uma forma infalível de acabar com seu saldo bancário de tempo. Assim como você tem determinada quantia de dinheiro para gastar diariamente, pense no seu dia com certa quantidade de "pontos de energia" que você pode despender. Decida onde utilizar esses pontos, onde obtê-los e onde desperdiçá-los. Certas coisas usam ou demandam mais pontos de energia, e você pode implementar estratégias para conservá-los ou usá-los com mais sabedoria. Este livro vai mostrar diversas estratégias para dizer *não* de maneira amistosa a coisas que parecem valer a pena, mas drenam seus recursos de tempo e pontos de energia.

FLUXO + FOCO = TEMPO MAIS BEM GASTO

Gerenciamento de tempo é um clichê: queremos mais tempo, precisamos de tempo extra, ficamos sem tempo. Mas, muitas vezes, mesmo quando encontramos tempo de fato... as coisas acontecem.

Você fecha sua agenda das 9 às 11 horas de terça-feira para trabalhar naquele projeto importantíssimo. Abre seu computador, vê um novo e-mail e, de repente, já são 9h13. Você abre o documento no qual quer trabalhar e passa alguns minutos nomeando-o antes de receber uma mensagem. São 9h32, e você volta à tela, onde repara em uma aba aberta com algo que você pretendia concluir e é mais fácil de fazer. Logo são 10h05, você nota de esguelha mais um e-mail que parece urgente e se envolve nisso. Às 10h36, você se pergunta: *vale a pena começar agora, sendo que só tenho vinte minutos antes da próxima reunião?* De repente, vemos que tempo era o menor dos seus problemas.

Por que isso acontece?

Porque gerenciamento de tempo é apenas o primeiro passo. É um gradil da produtividade. Mas o ingrediente essencial para nosso fluxo de energia é o foco *naquele* momento. Do mesmo modo, se arrumamos um "tempo" durante uma parte do dia ou da semana em que nossa energia está baixa, esse tempo não terá sido válido.

Nem todos os intervalos de tempo são iguais. Se me pedirem para criar algo novo das 10 horas às 10h30, vai sair algo muito mais impressionante do que o que eu produzo no horário entre 16 e 16h30, ainda que ambos sejam um período de meia hora. Não são a mesma coisa! Meus pontos de energia são mais valiosos pela manhã do que pela tarde. Utilizar pontos de energia na hora *certa* proporciona a você um melhor retorno sobre o investimento (ROI) dessa energia utilizada, já que produz resultados melhores. Conhecer seus padrões ajuda a canalizar sua energia para realizar mais coisas quando estiver programando seus horários.

O foco é igualmente importante. Como começamos tão bem intencionados com duas horas reservadas mas nos desviamos tanto que não nos aprofundamos em nos concentrar no trabalho? Nos próximos capítulos, vamos discutir estratégias abrangentes para se *antecipar* às distrações antes que elas entrem em cena, treinar seu cérebro para acessar o modo fluxo e foco, conhecer suas armadilhas habituais e criar um ambiente onde o trabalho focado e livre de distrações é a norma.

NÃO PLANEJE PARA O VOCÊ DE AGORA, PLANEJE PARA O *VOCÊ DO FUTURO*

A psicologia diz que todos temos uma desconexão entre nosso eu atual e nosso eu do futuro. Os resultados de um estudo publicado na revista *Social Psychological and Personality Science* mostra que "as pessoas que percebem uma semelhança maior com seu eu do futuro vivenciam maior satisfação com a vida dez anos depois".[1] O mesmo vale para o seu eu do futuro mais próximo. Quando experimentamos roupas em uma loja, por que às vezes pensamos: *"Não amei, mas talvez eu consiga usar mais tarde?"*. Mais tarde não seremos a mesma pessoa que também não vai querer usá-las? Quando somos chamados com antecedência para uma reunião na segunda-feira, às 8 horas do dia em que estamos voltando de duas semanas de férias, pensamos: *"Claro!"* e colocamos isso na agenda, mas não vislumbramos nosso eu do futuro, às 7h45 do dia em questão, tentando fazer isso acontecer.

Com isso em mente, queremos constantemente fazer planos para nosso eu do futuro em vez de para nosso eu atual. Se pararmos para nos perguntar: "O que o eu do futuro queria que eu tivesse realizado neste momento?", vamos visualizar cronogramas mais tranquilos, prioridades mais claras, resultados mais efetivos. Desafio executivos a perguntarem: *"O que o você do futuro deseja que você marque ou não depois daquele bloco de quatro horas de reuniões na semana que vem? A que o você do fim de ano desejaria que você dedicasse mais tempo? Menos tempo? O que o você que é pai ou mãe com filhos adultos vai dizer que desejaria ter priorizado durante aqueles primeiros anos?".* Este livro vai percorrer maneiras de usar essa mentalidade para qualquer coisa, desde definição de prioridades, passando por contrações, reuniões até manutenção de calendário.

O que destaquei aqui pode parecer radicalmente diferente do seu jeito atual de fazer as coisas. Mas confie em mim: eu não teria escrito este livro se não tivesse visto esses princípios — e os métodos que desenvolvi com eles — funcionarem inúmeras vezes para ajudar funcionários e executivos de todos os níveis a alcançarem o *tempo de produtividade*, uma espécie de produtividade zen. Você vai se sentir totalmente no comando de tudo o que precisa fazer e vai ter uma abordagem holística para prosperar enquanto isso. Ao final deste livro, você vai saber exatamente *o que* deve focar, *quando* é o melhor momento para isso, *onde* fazê-lo com base no seu cronograma, *como* fazer com excelência e de que modo viver bem *enquanto* está fazendo tudo!

Prometo que, para cada minuto que você passar lendo este livro, vai ganhar *pelo menos* esse mesmo tanto de volta em tempo poupado depois de implementar as práticas que vou compartilhar.

Os simples passos apresentados aqui vão permitir que você tire proveito das vantagens de um mundo digital para realizar mais coisas enquanto vive uma vida feliz e equilibrada.

Um viva à conquista do seu *tempo de produtividade*!

PARTE I

O QUE FAZER

Capítulo

1

TRÊS PRINCIPAIS PRIORIDADES

Se eu parasse você na rua e perguntasse: *quais são suas três principais prioridades neste momento?*, o que você responderia? Esta é a primeiríssima pergunta que faço a qualquer um que eu esteja orientando. E agora pergunto a você.

Como mencionei na Introdução, o primeiro passo para a produtividade é definir com clareza o que você quer ou precisa fazer. Não costumo me referir a *objetivos* porque isso dá uma sensação de atividades que estão distantes, fora de alcance, "quem sabe um dia". Em vez disso, uso *prioridades*, porque isso indica presença de intenção, foco e fluidez.

Por que três prioridades? Um estudo de 2018 da Universidade de Ohio confirmou a muito e amplamente promovida "Regra de Três" (a ideia de que as pessoas vão se lembrar das coisas se elas forem reunidas em grupos de três) ao demonstrar que, no aprendizado, nosso cérebro busca padronizar e agrupar coisas.[1] Em qualquer momento da vida, é provável que você tenha mais de três responsabilidades ou prioridades, mas descobrir as "três principais" ajuda a direcionar

TRÊS PRINCIPAIS PRIORIDADES • 25

o foco. Uma das pessoas mais produtivas com quem já trabalhei é Robert Kyncl, CEO do Warner Music Group. Suas três prioridades eram precisamente definidas e anunciadas a qualquer um que trabalhasse com ele. Robert tinha uma lista de tarefas referente a cada uma delas e, com transparência, ele as compartilhava com seu chefe de equipe, assistente e organização. Essas prioridades se tornavam o tema de seu trabalho e de seus dias, o que o ajudava a focar as coisas certas e dividir uma visão definida com sua equipe. O ato de definir essas prioridades fazia tudo e todos fluírem com mais facilidade.

Se eu perguntar quais são suas três principais prioridades, você também deveria conseguir listá-las rapidamente, porque já pensou bem nisso. Pode reavaliar essas prioridades com uma frequência semanal, mas, em geral, o mais apropriado é mensal ou trimestralmente. Outras prioridades e atividades que não estão entre as três principais vão encontrar seu lugar. Porque, se você quiser encher um pote com pedras, cascalho e areia, primeiro vai precisar colocar as pedras maiores. Tentar colocá-las no pote quando ele já está cheio de cascalho e areia (coisas menos importantes e de menor prioridade) vai fazer o pote transbordar, ainda que haja espaço vazio.

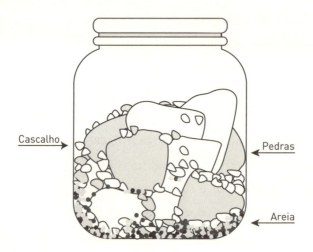

Você talvez se pergunte se estou querendo saber das suas prioridades pessoais ou profissionais. Até onde sei, você é uma única pessoa, quer esteja no trabalho, quer esteja em casa. Só há uma quantidade de tempo e um cérebro para administrar tudo. Seu sucesso e sua realização vão ser conduzidos por diferentes prioridades pessoais ou profissionais em momentos distintos. Elas vão e voltam de acordo com sua situação atual e as etapas da vida. Se você está se preparando para se mudar com a família para o outro lado do país, isso deve se tornar uma das suas três principais prioridades, tirando outra coisa dessa lista de três. Se está assumindo um projeto enorme no trabalho, algo que não seja trabalho pode ser deixado de lado por um momento. É importante restringir suas prioridades principais a três porque isso lembra você de que é preciso deixar algo de lado para se concentrar em outra coisa — sempre há uma compensação.

Assim como você deve ser capaz de listar rapidamente essas três principais prioridades em uma conversa, também é bom perguntar isso aos outros. Sempre que estou trabalhando com alguém novo ou me reportando a um novo líder, questiono: "Quais são suas três principais prioridades neste momento?". Só perguntar já pode ajudar a construir relacionamentos produtivos e colaborativos ao lhe dar uma prova do que está acontecendo nos bastidores e no que alguém está, de fato, focado. A resposta para essa simples questão pode lhe dar uma compreensão das decisões que uma pessoa toma e como ela gasta o próprio tempo. Em um momento particularmente atribulado da minha vida, meu marido usou minha própria tática em mim e perguntou: "Quais são suas três principais prioridades neste momento?". Comecei a listá-las e percebi que eu tinha seis. Não era de admirar que eu estivesse me sentindo sobrecarregada! Apenas com essa pergunta, percebi que eu estava tentando me concentrar em coisas demais de uma só vez. Eu precisava soltar, delegar ou deixar algumas coisas para depois — e foi o que fiz!

PRIORIDADES ←→ TAREFAS

Trabalhei com um executivo que definiu suas três principais prioridades para um semestre como:

1. Concluir uma imensa reorganização em sua equipe.
2. Passar mais tempo com os filhos pequenos.
3. Definir uma visão para o ano seguinte da organização liderada por ele.

Ao ler essas prioridades abrangentes, você talvez pense que elas parecem vagas. O primeiro passo é definir, mas também é necessário descobrir como *implementar* essas prioridades. Tarefas de alto impacto são as ações tangíveis que se alinham com suas prioridades. Pergunte-se: quais tarefas de alto impacto estão envolvidas na conquista das minhas prioridades? Mais especificamente, como essas tarefas aparecem no meu calendário? Como vou conseguir reconhecê-las? O processo de trabalhar em *tarefas* específicas relacionadas às suas prioridades ajuda a reconhecer de que maneira reuniões, e-mails, listas de afazeres, blocos de trabalho, eventos escolares e outras coisas que demandam tempo se relacionam diretamente com suas prioridades quando elas chegam à sua mesa.

Para cada uma delas, escreva duas ou três tarefas de alto impacto que dão suporte a ela (as tarefas devem começar com um verbo de ação):

1. **Reorganizar minha equipe**
   - Encontrar com o representante de RH para discutir novas opções de quadro organizacional e cargos em aberto.
   - Marcar reuniões com quebra de hierarquia para compreender papéis e responsabilidades.
   - Conduzir entrevistas para funções novas e disponíveis.
2. **Passar mais tempo com meus filhos**
   - Sair do trabalho às 17 horas para jantar com a família três ou quatro vezes por semana.
   - Trabalhar de casa nas sextas para poder deixar as crianças na escola.
   - Comparecer a três eventos escolares durante o horário comercial neste trimestre (por exemplo, apresentações ou reuniões).
3. **Elaborar a visão da minha equipe para o próximo ano**
   - Priorizar "momento de reflexão" sem obstrução/sem marcação, caminhadas, brainstorming.
   - Oferecer um dia fora do local de trabalho com meus subordinados diretos para captar feedback.

Definir as tarefas de alto impacto que dão suporte às suas principais prioridades é crucial. Isso ajuda não apenas a definir no que você deve se concentrar no geral, mas também como deve utilizar seu tempo e seus pontos de energia para apoiar essas tarefas. Também proporciona uma ótima oportunidade para discuti-las com pessoas importantes no seu trabalho e na sua vida — gerentes, colegas de equipe, parceiros ou parceiras, cônjuges e outros. É uma oportunidade de confirmar suas prioridades ou ajustá-las com base nas prioridades individuais de cada um e em seus objetivos e responsabilidades compartilhados. Se você for trabalhar com um colega em um enorme projeto que é uma das suas três principais prioridades do trimestre, mas não está entre as dele, é importante que saiba disso de antemão. Talvez você tenha que atrair outros recursos ou encontrar ajuda adicional se outras três coisas grandiosas forem mais importantes que esse projeto para o seu colega. Dedicar tempo para definir prioridades e receber feedback a respeito delas torna mais fácil ter conversas que vão surgir mais adiante, como: "Em que você tem empregado seu tempo?".

> Em vez de me dizer suas prioridades,
> apenas me mostre seu calendário.

COMO VOCÊ ESTÁ MONITORANDO O MOMENTO?

Depois de perguntar a um executivo que estou orientando quais são suas três principais prioridades, pego uma cópia de seu calendário das últimas semanas. Entrego a ele um marcador e peço que circule cada reunião, tarefa ou tempo de trabalho individual que tenha ligação com essas três prioridades. Logo começa a ficar claro se o tempo utilizado está ou não alinhado com as prioridades. Essa atividade é uma ótima forma de olhar e ver: *quanto seu calendário ficou marcado?* Agora que definiu o que é importante, você vai utilizar *mais* do seu tempo nessas coisas? Seu tempo é sua maior moeda: aquilo em que você o utiliza é o que prioriza. O calendário revela a verdade. Ele apura os fatos e diz se você realmente está empregando seu tempo nas coisas que importam.

E quanto àquelas coisas que não cabem nas suas três principais prioridades (o cascalho e a areia que ainda precisam de espaço no pote)? É claro que em muitos momentos você vai trabalhar em mais do que três coisas. O que muitas pessoas erram é deixar que essas coisas ocupem a maior parte de seu tempo e preencham todo o espaço no pote antes que elas possam colocar as pedras grandes lá dentro. Incontáveis projetos paralelos se aproximam sorrateiros, acumulam-se e, por fim, devoram enormes quantidades de tempo. Você quer reorganizar seu time, por exemplo, mas está dedicando vários dias a reuniões externas de um comitê secundário. Quer passar mais tempo com seus filhos, mas continua fazendo favores ou tarefas fora do seu escopo que impedem você de sair na hora. Algo aqui soa familiar?

No que diz respeito a especificar prioridades, acho que é útil pensar no *Você do Futuro* — sua versão que vai existir em semanas, meses ou anos a partir de agora, quando as ações do presente estarão no passado. O Você do Futuro vai ficar feliz por você ter dedicado tempo a quê? O Você do Futuro vai ficar feliz por você ter recusado fazer o que para se concentrar nas coisas certas? Se você faz algum tipo de revisão trimestral ou anual do seu trabalho, é uma boa ideia escrever o rascunho no *começo* do trimestre para garantir que você vai segui-lo à risca.

Um dos maiores líderes com quem trabalhei fazia um pré-*post mortem* anual. Ele fazia uma revisão do ano, mas logo no *começo* dele, com slides e uma apresentação completa sobre como atingimos nossos números de vendas, onde encontramos armadilhas e perdemos algum tempo, onde fomos superiores e por quê, e o que podíamos ter feito melhor. Ainda que não passasse de especulação, isso nos colocava no exato lugar em que, dali a um ano, nossos *Nós do Futuro* estaríamos, como equipe. Chegávamos até a visualizar de que maneira nos sentiríamos se suas previsões se concretizassem (e como nos sentiríamos caso não acontecessem). Essa estratégia pavimentava o caminho para um ano de sucesso e fazia a equipe manter a mentalidade daquele "Nós do Futuro do fim de ano", antes mesmo que acontecesse.

QUANDO A URGÊNCIA ATACA... DE NOVO

"Olá, não estou no escritório hoje porque estou de férias. Se for urgente, chame a polícia ou os bombeiros. — Chad."

A mensagem de férias de Chad pode ter um lado meio sarcástico, mas acho que todos nós sabemos do que ele está falando. Coisas que as pessoas definem como "urgentes" aparecem com regularidade como "emergências" e sobrepujam por completo o trabalho que planejamos.

Quando estou trabalhando a definição de prioridades com alguém, em geral a pessoa diz: *"Bom, isso é ótimo. Estabeleci minhas prioridades e o tempo que cabe a elas, e aí... sempre aparece algo urgente!"*. Dependendo de qual for sua função, sem dúvida, podem ocorrer imprevistos que exigem sua atenção imediata, o que dificulta a ação de manter espaço no calendário para prioridades. Mas o melhor momento para lidar com assuntos urgentes é *antes* que eles aconteçam. Pode parecer impossível, mas só se você não tiver reservado tempo para urgências e imprevistos na sua programação. Eis algumas estratégias para se antecipar e lidar com questões urgentes:

1. **Bloqueie um tempo para urgências todo dia**

   Thomas Kurian, CEO do Google Cloud, reserva uma hora todo dia para questões urgentes. Ele descreve isso em linhas gerais em seu guia "Como trabalhar comigo" (mais sobre o assunto adiante) e estabelece todo dia o mesmo horário. Dessa forma, se coisas urgentes surgirem, sempre há tempo de tratar delas sem afetar o restante da agenda. Além disso, sua equipe sabe que esse tempo reservado é o mesmo todo dia, para que qualquer pessoa que precisar falar urgentemente com ele possa planejar o momento de acordo com isso. Se não houver urgência alguma, ele usa esse tempo para se dedicar ao trabalho ou para verificar o e-mail. É similar ao horário de atendimento de professores universitários. Sempre está vago e sempre no mesmo horário, mas, se ninguém aparecer, torna-se horário de trabalho.

   Outra executiva do Google usa uma abordagem similar, mas com uma alteração. Ela mantém um tempo vago todo dia *sem* deixar sua equipe ciente disso. Assim, se algo surgir, ela pode arrumar tempo caso seja necessário, mas o deixa liberado para si mesma a fim de concluir tarefas com calma se não aparecer nada urgente.

   Nos dois exemplos, executivos encontraram formas de limitar imprevistos ou questões urgentes a momentos específicos em suas agendas para que o restante de seu tempo não seja afetado.

2. **Urgente x importante**

   Uma das minhas maneiras favoritas de lidar com questões urgentes é estabelecer uma linguagem concreta para elas. Urgente pode ser sinônimo de muitas coisas: crítico, em tempo hábil, importante, notório e por aí vai. Mas nem todas as urgências são iguais. Então como triar questões urgentes quando elas aparecem?

A melhor descrição que já vi disso é o "método de Eisenhower",[2] que se baseia na declaração do presidente Dwight D. Eisenhower, em 1954: *"Tenho dois tipos de problema: o urgente e o importante. O urgente não é importante, e o importante nunca é urgente".*[3] Sabemos que algumas questões, de vez em quando, podem ser as duas coisas, mas ele levanta um bom argumento no que diz respeito à identificação entre ambas. O método que se desenvolveu em cima dessa afirmação define urgente e importante da seguinte forma:

Urgente: atividades que exigem atenção imediata, em geral associadas ao progresso das metas de outra pessoa.

Importante: atividades que geram um resultado que nos leva a focar nossas prioridades.

URGENTE X IMPORTANTE

	URGENTE	NÃO URGENTE
Importante	1. FAÇA AGORA Tudo bem reorganizar por completo sua agenda.	2. DEIXE PARA DEPOIS Agende o momento certo para realizar a tarefa, depois siga normalmente sua agenda atual.
Não importante	3. DELEGUE NA HORA Estabeleça uma quantidade mínima de tempo para "lidar" com isso e delegue para outros.	4. APENAS DIGA NÃO Tudo bem não dedicar tempo algum a isso ou delegar para outros.

Ao contrário da citação de Eisenhower, minha tabela permite atividades que são ao mesmo tempo urgentes *e* importantes. Se um item é urgente e importante (Quadrante 1), você deve se sentir à vontade para lidar com ele. Vale a pena remarcar algumas reuniões e/ou horas de trabalho, porque é algo que tem prazo *e* se alinha a suas prioridades. Se surge algo importante, mas que não exige atenção imediata (Quadrante 2), decida quando você vai lidar com isso e siga em frente. Se surgir algo que é urgente, mas não importante (Quadrante 3), é de grande ajuda encontrar formas de lidar com a questão que se voltem para outros recursos que não o *seu* tempo. *Vejo que você está sem acesso à sua conta e precisa entrar no trabalho. Contamos com um suporte técnico excelente que pode ajudar com isso, aqui está o telefone!* Coisas que não são nem urgentes nem importantes (Quadrante 4) são aquelas às quais você deve se sentir à vontade em não dedicar tempo algum. Ter suas principais prioridades já definidas torna menos tentador desperdiçar tempo em coisas dos Quadrantes 3 e 4.

Isso pode ser útil principalmente quando você está trabalhando com uma equipe e é preciso alinhar a maneira de lidar com questões urgentes quando elas se apresentarem. Mapeie os problemas que surgem em um quadrante e decida como administrá-los em equipe. Da mesma forma que dar nome a seus sentimentos em um momento acalorado pode ajudar você a identificar o que está sentindo, ao contrário de apenas se sentir "arrasado", mapear problemas ou crises imprevistas pode ajudar a descobrir a maneira exata de encarar essas tarefas de um modo que esteja alinhado às suas prioridades.

3. **Conserte o sistema**

E se você estiver passando por situações frequentes que se encaixam no primeiro quadrante? Em geral, isso significa que há algo de errado no sistema. Se todo dia surge algo urgente que não foi previsto ou antecipado, cria-se uma situação exaustiva. Talvez seja o momento de perguntar: *por que isso continua acontecendo?* Que sistemas posso empregar para evitar essas coisas? Se há constantes simulações de incêndio, de que maneira eles podem ser antecipados e que mudanças precisamos implementar no fluxo de trabalho, na comunicação e nos processos para interrompê-los na hora? Pode ser questão de nomear uma equipe ou uma pessoa que lide apenas com assuntos urgentes. Talvez seja necessário se aprofundar nas últimas dez simulações de incêndio para descobrir o que as causou e o que poderia ter sido feito para evitá-las.

Se for urgente uma vez, dê um jeito.
Se for urgente dezessete vezes...
há algo de errado com o sistema.

4. **Coloque "lidar com questões urgentes" como uma das três prioridades**

Dito tudo isso, às vezes, questões urgentes fazem parte do jogo. Principalmente em determinados tipos de função, como jornalistas e seus prazos ou médicos da emergência, simplesmente não é possível se antecipar. Saber que essas situações vão surgir continuamente e que você precisa arrumar tempo para elas quando surgirem é poderoso, porque permite que você tome a dianteira da sua agenda. É diferente de ter um bloco de tempo diário para urgências porque, se você está em uma função na qual o que é urgente é comum, nem sempre isso vai se encaixar de forma perfeita no tempo que você reservou. É preciso ser mais flexível para lidar com questões urgentes assim que elas aparecem. Se você já separou um tempo porque sabe que crises vão acontecer, a poeira simplesmente baixa mais rápido, pois você já tem um espaço para elas em sua mente e em sua agenda. Para garantir que você tenha tempo para o inesperado, acrescente "questões urgentes" à sua lista de três prioridades principais. Pode ser algo como: *eu adoraria liderar um treinamento para seu grupo, mas, dada a natureza do meu trabalho, reservo um espaço na minha agenda todo dia para assuntos urgentes, então não posso assumir o compromisso de palestrar!* Nessa situação, você está separando de forma preventiva um espaço para o que é urgente, a coisa certa a fazer caso faça sentido para a função que você exerce. Médicos da emergência não têm *também* pacientes regularmente marcados ao longo de seu dia. Eles deixam a agenda livre para pacientes urgentes que chegam.

Agora que já definiu suas prioridades e se planejou com antecedência para o que for urgente, você vai querer viver para isso. Elas se tornam as lentes pelas quais você encara cada oportunidade. Escreva suas três prioridades em um post-it e o coloque em um lugar de destaque em sua mesa, para servir de lembrete. Toda vez que receber um e-mail pedindo que você faça algo novo, pergunte-se se é algo que se encaixa em uma das prioridades da lista. Se não for o caso, faz mesmo sentido assumir a tarefa? Se aparecer alguma coisa que não faz parte das suas principais prioridades, mas ainda assim você acha importante, pode aceitar com intenção e confiança, sabendo que avaliou a importância e as exigências por completo, não por impulso. Talvez você precise considerar mudar suas outras prioridades caso se trate de uma iniciativa especialmente trabalhosa. Por exemplo, se você se tornou gerente, vai ter que pensar em como integrar orientação, liderança e respaldo de sua equipe com suas tarefas como colaborador individual. É através desse tipo de lente de compensação que se cria um foco preciso e mira exatamente nas coisas certas.

Agora você já estabeleceu suas prioridades com clareza. Identificou as tarefas e ações principais necessárias para realizá-las. Até mesmo desenvolveu estratégias para lidar com questões e eventos urgentes que parecem mandar sua programação pelos ares todo dia. Está em uma posição privilegiada para o tempo de produtividade!

Mas, ainda que você esteja se esquivando com sucesso de assuntos urgentes, surgem diversas coisas que querem um pouco do seu tempo. No próximo capítulo, vamos ver como dizer não e impedir que essas coisas fiquem no caminho da sua produtividade.

PRÁTICAS DE PRODUTIVIDADE

- Quais são suas três principais prioridades neste momento? Quais são as duas ou três tarefas e reuniões que fazem essas prioridades avançarem?
- Imprima o calendário das suas últimas duas semanas e circule as coisas que se encaixam nessas prioridades. Está confortável com a porcentagem de tempo que está dedicando a elas?
- Estabeleça um período diário para coisas urgentes que possam surgir ou torne isso uma de suas prioridades principais, e então use a matriz Urgente/ Importante por conta própria ou com a equipe para mapear os problemas quando eles se apresentarem.

Capítulo

2

COMO DIZER NÃO

Você decidiu no que quer se concentrar. Identificou as tarefas de alto impacto associadas a cada uma das prioridades e reservou tempo no calendário para elas. Conseguiu o apoio do seu gerente/time/cônjuge/parceiro ou parceira em relação a essas prioridades. É hora de colocar em prática!

A parte difícil é arrumar e manter espaço para essas prioridades em sua agenda. Por exemplo, talvez você tenha feito o exercício de destacar coisas em seu calendário e descoberto que utiliza menos de 30% de seu tempo em suas prioridades. (Em um mundo ideal, deveria ser algo por volta de 70% ou mais.) Como organizar o restante da bagunça? Como garantir que sua agenda se mantenha fiel às suas prioridades? Como dizer não para futuras coisas que podem atrapalhar suas prioridades?

PRIORIZAR NÃO É REORDENAR

Quando a maioria das pessoas tem uma lista enorme de coisas para fazer, acha que priorizar é colocar os itens ou tarefas em uma ordem específica e descobrir uma forma de concluí-los, começando pelo mais importante e terminando com o menos. Com o tempo de produtividade, você, agora, deve pensar em priorizar como sinônimo de descobrir o que deve ser eliminado da parte inferior dessas listas e como dizer não para o que não merece espaço algum em sua agenda. Recusar coisas boas deixa espaço para aceitar coisas *ótimas* (e ter tempo para fazê-las direito).

> Diga não para tudo, menos àquilo a que você diz sim.

Minha maneira preferida de começar a eliminar itens da minha lista é fazer um levantamento de tudo que está no meu cérebro e que acredito que posso ou devo fazer (falaremos mais a respeito de listas no próximo capítulo). Depois identifico por alto um terço dos itens que têm menos prioridade na lista. Em geral, são coisas que estão na minha cabeça há algum tempo e continuam sendo passadas de lista para lista. Então, para cada um desses itens, eu me pergunto:

Qual é a pior coisa que pode acontecer se eu nunca fizer isso?
Tem alguma forma de isso ser feito sem ser por mim?
Tem algum jeito de fazer isso pela metade e seguir em frente?

Essas perguntas podem fazer você pensar em como delegar, dinamizar o trabalho que está realizando e aparar arestas onde for possível. Por exemplo, depois que minha família e eu nos mudamos para nossa nova casa, o cômodo onde faço home office ficou meio vazio, e achei que uma decoração agradável pudesse ser uma boa ideia. Imaginei que poderia providenciar um bom cenário de fundo para videoconferências. Então, *Decorar o escritório* surgia toda vez que eu elaborava uma lista. Mas não como prioridade, porque havia várias outras coisas acontecendo (lembra as três crianças com menos de 4 anos e uma mudança?). Perguntei a mim mesma:

Qual é a pior coisa que poderia acontecer se eu nunca fizesse isso? Provavelmente nada. Eu teria um quartinho básico no qual quase ninguém, além de mim, entraria e não teria um cenário de fundo interessante em uma chamada de vídeo.

Tem alguma forma de isso ser feito? Isso me fez pensar que eu poderia contratar um decorador. Comecei a procurar opções para delegar a tarefa de decorar o escritório a um preço razoável.

Ou será que tem algum jeito de fazer pela *metade* e seguir em frente? Eu ainda não tinha me dado conta disso porque estava tentando arrumar um tema e uma decoração perfeitos para o ambiente, sendo que apenas umas prateleiras e quadros já dariam conta do recado. A perfeição pode ser inimiga do progresso. Alguém saberia a diferença? Eu poderia acionar um cronômetro e usar apenas uma hora para planejar a decoração, depois mais duas horas no fim de semana para montar e pendurar tudo. Poderia delegar parte do trabalho (montar as estantes e pendurar os quadros) a alguém que ficaria feliz em fazer isso — como meu pai, que é habilidoso, está aposentado e tem tempo livre. Talvez eu conseguisse fazer algo satisfatório em pouco tempo. E isso seria bom o bastante e muito melhor do que não decorar.

Todas essas opções são formas de ir eliminando os itens da minha lista de prioridades, mas ainda encerrando um ciclo e concluindo uma tarefa. Até mesmo optar por *não* decorar é uma alternativa. Significa que eu tomei uma decisão e posso deixar de remoê-la, impedindo que continue bagunçando minha lista. (Para constar: optei pelo método "fazer pela metade e seguir em frente", e meu escritório ficou ótimo — graças à ajuda do meu pai!)

QUANTO VALE MEU TEMPO?

Um dos meus ex-gerentes no Google, Anas Osman, vice-presidente de estratégia e operações do Google Cloud, me ensinou muito sobre o valor do tempo. Ele tinha uma imagem clara de quanto valia seu tempo. Quando reparei que ele chegava muito perto dos horários de seus voos, ele disse: "Se você não perde 5% dos seus voos, está passando tempo demais da sua vida em aeroportos!". Ele fazia viagens bate e volta em torno de trinta vezes por ano, então, ao chegar ao aeroporto na "hora certa" e nem um minuto antes para esses voos, economizava para si mesmo umas sessenta horas. Perder uns três voos por ano (5% dos trinta voos de bate e volta) era, sem dúvida, menos inconveniente do que passar sessenta horas esperando em um aeroporto! Nem todo mundo concordaria com essa abordagem sobre viagens aéreas, mas o sentimento por trás disso — de ser exigente na forma como seu tempo é utilizado — é um insight importante.

Talvez o melhor conselho que ele tenha me dado é que você sempre deve ter em mente quanto vale seu tempo. A maioria das pessoas presume que isso quer dizer quanto ganham por hora no trabalho, mas não é a isso que ele se refere. Tem mais a ver com quanto você pagaria por uma hora de seu tempo para *não* fazer algo que você *não gosta de fazer*. Se pudesse chegar em casa uma hora mais cedo para ver sua família, quanto você pagaria para mudar de voo? Quanto você pagaria para que móveis novos já chegassem montados? Se pintar um cômodo de fato levasse um dia inteiro, quanto você estaria disposto a pagar para que alguém fizesse isso por você? (Se você gosta de pintar, é outra história e afeta o valor. Então, precisa ser algo que você não queira mesmo fazer!)

Voltemos ao exemplo do meu home office. Vamos supor que eu fosse levar cinco horas para comprar e instalar todos os itens. Com base nessa estimativa, devo descobrir quanto vai valer a pena para mim contratar um decorador para cuidar de tudo — se eu sei a média do valor do meu tempo por hora para fazer algo que realmente não quero fazer. O número pode variar com base nas suas prioridades atuais no trabalho ou em casa, na sua situação financeira ou na flexibilidade de sua agenda, mas é um número que você deve ser capaz de dizer sem ter que pensar muito.

Uma das minhas amigas lavava as mamadeiras e os pequenos utensílios de seu bebê todas as noites, e perguntei por que ela simplesmente não os colocava na lava-louças. Ela disse que não teria as mamadeiras limpas a tempo para prepará-las na noite anterior para o dia seguinte e não tinha mamadeiras suficientes para as duas coisas. Então (por eu ser *a* amiga produtiva e irritante), perguntei a ela quanto tempo levava para lavar e secar à mão as peças toda noite. Ela estimou que ficava entre quinze e vinte minutos. Comecei a calcular mentalmente e percebi que ela estava usando mais de 120 horas (ou quinze dias de trabalho!) por ano lavando as mamadeiras! Isso só para economizar uns cinquenta dólares ou a média do custo de um novo conjunto com oito mamadeiras. Nesse caso, seria bem útil para ela saber quanto o próprio tempo valia por hora, multiplicar isso por 120 horas e comparar com o custo de comprar novas mamadeiras. A não ser que o tempo dela valesse menos de 41 centavos de dólares por hora ou ela gostasse de lavar as mamadeiras, provavelmente seria melhor comprar um novo conjunto

É possível argumentar a favor do prazer em lavar as mamadeiras, junto com mais alguma tarefa, como ouvir um podcast ou fazer outra atividade qualquer enquanto lava as peças à mão, ou de não querer um conjunto a mais de mamadeiras, considerando o espaço limitado do armário. Mas, em prol do exemplo, sem dúvida vale a pena considerar o valor do tempo dela para uma atividade que ela desempenha todo dia.

É importante pensar no seu tempo como o recurso *mais* valioso de todos. E, quando surge uma tarefa que você não sabe se vale seu tempo, aqui vão algumas perguntas para se fazer no intuito de ajudar a esclarecer se ela vale ou não a pena:

PERGUNTA	AÇÃO
Gosto de fazer essa tarefa?	Se sim, posso ser mais flexível com o valor do meu tempo.
Vai demandar muito esforço delegá-la?	Se vou levar três horas para encontrar uma pessoa, falar com ela, explicar tudo e ensiná-la a fazer algo que eu levaria duas horas para fazer, não vale a pena delegar.
Existe algo que eu preferiria *muito mais* estar fazendo no lugar disso?	Se sim, pague ou delegue a atividade para outra pessoa.
Meu tempo é muito mais valioso em outro lugar?	Se você recebe por hora, ganharia mais dinheiro usando seu tempo para fazer seu trabalho e pode pagar alguém para realizar a tarefa em questão, faça isso.
Sinto que eu "deveria" fazer isso?	Ainda que você possa pagar ou delegar para alguém, concluir a tarefa traz para você uma sensação de orgulho e propriedade, então, continue a fazê-la.

PERGUNTA	AÇÃO
Tem alguém que pode fazer isso *muito melhor*?	Mesmo que você tenha tempo para realizar a tarefa, pode ser que ainda valha a pena delegar ou pagar para que alguém a realize, a fim de obter o resultado que você deseja.
Se alguém me pedisse para fazer algo amanhã, quanto eu pagaria do meu bolso para não fazer *nada* em vez disso?	Decida o tanto que vale a pena para você *não* fazer a atividade e use essa quantia para ajudar a decidir se você deveria delegar e quanto pagaria.

PARA O QUE VOCÊ ESTÁ DIZENDO NÃO?

Dizer **sim** para uma coisa sempre
significa dizer **não** para outra.

Muitas pessoas ficam estressadas em dizer não e sentem que precisam falar sim por causa da pressão social ou do medo de decepcionar os outros. Nesses casos, é importante lembrar que o tempo é um recurso finito. Veja pela perspectiva de que toda vez que diz sim para uma coisa, você também está dizendo não para outra (mesmo que indiretamente). Se sua mãe pede que você vá jantar toda sexta-feira com ela, talvez você concorde porque se sente desconfortável em recusar. Mas, ao topar um jantar semanal na sua mãe, você está de antemão dizendo não para todos os outros convites que podem ainda não ter sido feitos (é por isso que todo ano eu tento fazer um *Novembro Sem Planos*: durante todo o mês, não faço planos até a manhã de cada dia, para ver como minha vida muda quando faço apenas o que estou a fim de fazer *naquele dia*). Ao dizer sim para uma reunião semanal, você está dizendo não para o trabalho que faria durante aquele horário (o que pode ser tranquilo, mas você vai querer ter consciência do que está abrindo mão toda semana ao ir em frente!).

Sim para um novo comitê é um *não* para outros projetos. *Sim* para uma oportunidade de mentorar um colaborador é um *não* para mais tempo com outras pessoas do seu time. *Sim* para um compromisso após o trabalho é um *não* para jantar com sua família. No caso do jantar, você não está dizendo não de maneira explícita (provavelmente seus filhos não *pediram* que você fosse jantar), mas está dizendo não para eles no momento porque optou por fazer algo diferente. Você disse não de forma indireta (e tudo bem, caso seja a troca correta!). Mas todo *sim* é um *não* para outra coisa, quer seja um *não* direto ou indireto. Ao ter consciência do que essa "outra coisa" pode ser, você é capaz de fazer uma escolha consciente em relação ao equilíbrio do seu tempo.

REDUZINDO RESPONSABILIDADES ATUAIS: INICIAR E REPETIR

Quando comecei a orientar executivos no Google, fazia sessões para qualquer pessoa do nível hierárquico de diretor para cima. Choviam pedidos, e vi que eu passava muito do meu tempo em sessões de orientação. Eu ajudava muita gente, mas me sentia drenada. Eu não encontrava muito tempo para minhas outras duas prioridades: aprendizado em escala no Google e consultoria sobre recursos dos produtos Google Workspace. Eu não estava abrindo muitos ciclos novos. Tomei a difícil decisão de limitar minha orientação a apenas vice-presidentes, o que reduziu significativamente o número de sessões (e deixou algumas pessoas insatisfeitas).

Eu tinha tempo para inserir essas sessões com diretores na minha agenda, mas não estava fazendo um bom trabalho na preparação e no acompanhamento delas. Não estava tendo novas ideias para compartilhar nem recursos para ajudar nas minhas sessões. Eu estava exausta. Ao limitar minha orientação a um número mais restrito de executivos, na verdade, eu me dei mais espaço para bolar um treinamento em grupo excelente e escalável para diretores. Pude fornecer mais informações e compartilhá-las com todos eles. Além disso, minhas sessões com vice-presidentes tinham mais foco e causavam maior impacto. É um ótimo exemplo para mostrar a necessidade de mais tempo de ócio, e não de mais compromissos na minha agenda, para ser uma funcionária melhor. Ao fazer menos, eu *alcançava* mais.

Ao abandonar um projeto ou compromisso atual, talvez ajude pensar nisso como algo temporário. Tente dizer *não* para algo *temporariamente* com o objetivo de ver se essa é a decisão certa para reequilibrar sua energia e sua agenda. Use o modelo de "iniciar e repetir":

Durante um mês, vou tentar fazer apenas sessões com vice--presidentes e ver como me sinto, depois verifico a situação novamente e sigo a partir daí.

Durante uma semana, vou ver como é sair do trabalho às 17 horas em ponto e, à noite, verificar quão estressada estou com meu trabalho depois de ter ficado um tempo afastada dele.

Durante um trimestre, vou fazer as reuniões com minha equipe a cada quinze dias em vez de toda semana e ver como isso afeta a velocidade de nossas tomadas de decisão e nossa conexão.

O propósito dessa abordagem é iniciar uma solução em potencial durante um período de teste, obter feedback sobre sua eficácia e, então, repeti-la de acordo com isso. Cada movimento lhe oferece um novo dado para refinar a abordagem.

Não dá para sempre mudar seus compromissos de maneira radical (por exemplo, não é ideal sair de um conselho após um ano se você entrou para um mandato de dois), mas é possível indicar essas coisas para que, da próxima vez que for promovido, você tenha a precaução de se abster daquela prioridade ao continuar a equilibrar sua agenda e seu tempo.

Às vezes, as pessoas me dizem: *bem, tenho oito horas de reunião por dia, e todas são importantes!* Mas sempre há um jeito de encarar suas prioridades como algo muito bom *versus* algo ótimo. Imagine que sua gerente acabou de lhe dizer que você vai assumir um projeto excelente que vai ocupar aproximadamente 25% do seu tempo. Pergunte-se: que coisas *boas* e importantes você está fazendo agora e que largaria para abrir espaço para aquela coisa *ótima*? O que quer que venha à mente, em geral, é o "mais simples de se resolver" que pode ser movido ou consolidado na sua agenda.

Se você tem a sensação de que tudo é "importante" e não sabe como reduzir sua carga de trabalho ou sua agenda, também pode ser de grande ajuda falar com sua gerente ou sua equipe. Se está em cinco grupos de projeto e sente que deveria sair de dois, converse com sua gerente sobre quais deles são mais cruciais. Talvez descubra que sua gerente não se importa com aquela comissão que você acha que é a mais importante, e se sinta empoderado ao saber que eles podem dar apoio e até encorajar você a abandonar algo para ter tempo de trabalhar melhor com outras coisas.

CINCO FORMAS DE DIZER NÃO A PEDIDOS

É mais difícil abrir mão de responsabilidades atuais (mais a respeito disso no Capítulo 6) do que recusar novos pedidos, mas rejeitá-los ainda exige estratégia. Para muitos de nós, eu inclusive, dizer "não" não é algo natural. Precisei aprender — com o tempo e muita tentativa e erro — a melhor maneira de fazer isso. Eu queria encontrar equilíbrio entre resguardar meu tempo e manter o respeito e as relações que eu tinha com os outros. Ao dizer não muitas vezes ou da forma errada, sem dúvida você afeta o capital social. É um equilíbrio tênue. Estas são as cinco táticas que mais funcionam para mim e a forma *exata* de colocá-las em prática:

1. **Faça mais perguntas.** Obtenha mais detalhes, descubra o que mais pode ser útil saber antes de tomar uma decisão. Faça todas as perguntas possíveis.

   - **Entenda o compromisso com o tempo.** *"Oi! Agradeço por me chamar para entrar nesse novo projeto. Pode me dar mais informações sobre quanto tempo de dedicação aproximadamente isso vai exigir na semana?"*

   - **Veja se é algo que se alinha às suas três principais prioridades.** *"Agradeço a oportunidade de entrar nessa nova iniciativa entre times na qual você está trabalhando! Pode compartilhar como seria uma conclusão bem-sucedida desse projeto e quais metas está tentando atingir?"*

   - **Compreenda as expectativas e de que maneira os outros priorizam essa empreitada.** *"Agradeço o convite para falar com seu grupo! Pode me informar quantas pessoas foram chamadas, que funções exercem no geral e onde* *e como você planeja promover essa conversa de antemão para aumentar a participação? Você tem exemplos de conversas ou eventos anteriores e o índice de adesão?"*

2. **Diga que vai pensar ou não responda logo de cara.** Essa é uma das minhas opções favoritas de todas e pode ser combinada com a anterior para fazer mais perguntas. Às vezes, caio na armadilha do videogame: um modo de resposta superempolgado instantâneo em que sinto que preciso responder na mesma hora e de forma definitiva cada e-mail, pergunta ou pedido que chega para mim. Minha reação inicial varia entre aceitar avidamente ou recusar de antemão. Ambas podem ser prejudiciais. E não falha uma: 24 horas depois, minha intuição me diz o que eu deveria ter dito ou feito — e muitas vezes é o oposto. Uma das coisas que mais gosto de fazer é ler algo que chegou no meu e-mail ou ouvir uma proposta de alguém e depois deixar para lá sem decidir na mesma hora o que vou fazer.

   - **Ganhe tempo.** *"Adorei saber sobre a nova ferramenta na qual você está trabalhando e em que gostaria que eu ajudasse. Vou pensar nisso e falo com você sobre o nível de comprometimento que posso oferecer, se for o caso."*
   - **Compartilhe seu raciocínio.** *"Oi! Depois de rever alguns dos meus pedidos de palestra e de pensar sobre o assunto, infelizmente, acredito que não vou ter tempo para isso, devido a algumas de minhas prioridades no momento. Boa sorte com o evento!"*

Aprendi a implementar essa estratégia com meus filhos. Antes, quando minha filha perguntava "posso usar glitter?", minha resposta imediata sempre era não, porque...

é glitter. Então, em um domingo calmo e chuvoso, quando eu estava com tempo para ajudá-la e para limpar tudo, pensei: *por que não falei sim e deixei ela fazer isso?* Por outro lado, eu respondia "claro" sem pensar duas vezes para brincadeiras com massinha, só para ver que, na verdade, íamos sair em cinco minutos e daria trabalho demais tirar e limpar tudo. Então, até mesmo com meus filhos aprendi a dizer: "Vou pensar nisso e falo com você em um minuto". A essa altura, já vou ter acessado minha resposta instintiva e pensado racionalmente no assunto.

3. **Imagine os dois cenários: sim e não.** Essa opção pode ser muitíssimo útil para um projeto ou um pedido de comprometimento no longo prazo. Fecho os olhos e imagino como as coisas aconteceriam se eu topasse ou não. Por exemplo, vamos dizer que alguém tenha pedido que eu viajasse e palestrasse em um encontro de executivos. Eu me imagino no dia anterior dos preparativos para pegar o voo. O que estou pensando? *Queria não ter aceitado isso. Tem sempre tanta coisa para resolver na última semana do trimestre!* Ou imagino ver uma imagem ou uma amostra da lista de palestrantes do evento depois de recusar. Será que estou pensando: *eu deveria estar nessa lista, me arrependo de ter recusado?* Talvez eu me visualize no voo de volta para casa. Será que estou pensando: *uau, que belo uso do meu tempo! Fiz vários ótimos contatos?* Às vezes, se colocar no lugar do Você do Futuro nos dois casos de uma situação pode ajudar a sentir qual deles parece mais realista, o que vai ajudar na hora de decidir como responder.

4. **Não, mas...** Essa é uma das minhas formas preferidas de dizer não para um pedido. É uma boa maneira de negar, mas sem recusar categoricamente. Por exemplo, se você acha que vale a pena usar seu tempo para mandar um e-mail sobre algo, mas que não tem necessidade de uma reunião, não precisa dizer não por completo para uma solicitação de reunião. Dá para alterar para uma opção que funcione melhor para você.

   - **Antecipe-se por e-mail.** *"Oi! Você se importa em mandar suas perguntas antes por e-mail e assim decidimos se vamos precisar de uma reunião?"*
   - **Antecipe-se com comentários virtuais.** *"Oi! Você se importa em começarmos com algum desses comentários em nosso arquivo e aí nos reunimos, se não conseguirmos resolver ali?"*
   - **Desvie/delegue para outra pessoa.** *"Queria poder conversar com sua equipe no evento, mas infelizmente no momento não tenho como lidar com isso! No entanto, tenho alguns módulos de treinamento autoguiado no meu site, ou fique à vontade para falar com Fulano, que também dá esses treinamentos!"*

   Essa forma de dizer não faz a pessoa se sentir apoiada e respeitada, mas ainda resguarda seu tempo e suas prioridades. Você pode até ir mais além e colocar um lembrete para falar de novo com a pessoa e saber como foi o evento.

5. **Não, porque...** A maneira mais simples (e a mais difícil para muitos de nós) é dizer não sem rodeios e explicar o motivo. Dar o contexto adicional sobre o que você está fazendo com seu tempo e suas prioridades ajuda o solicitante

a sentir que você está dando espaço para ele, e não o afastando. Pode ser parecido com isso:

- **Sem tempo.** *"Agradeço por compartilhar essa nova iniciativa comigo! Parece uma ótima oportunidade. Queria poder topar, mas infelizmente fechei minha agenda para algumas coisas que provavelmente vão surgir neste semestre. Não vejo a hora de ver o produto final!"*
- **Sua participação vai ser supérflua.** *"Oi! Não vou a essa reunião porque vi que tem mais a ver com a Amy, do meu time, e ela já confirmou presença!"*
- **Outras prioridades.** *"Oi! Não vou a essa conferência porque estou usando esta semana para focar em alguns itens com prazos para o fim do mês, mas desejo boa sorte para você!"*

FAÇA O SIM SER FÁCIL

Depois de dominar o poder do não, você também pode usar estratégias similares para fazer o contrário. Se está tentando convencer alguém a comprar seu projeto ou se juntar a você, é possível usar essas táticas *ao contrário*. Quando estou tentando levar alguém a dizer sim para um projeto colaborativo ou a me dar apoio, penso em por que recuso algumas coisas e por que topo outras. Pode ser algo assim:

- **Explique de que maneira o pedido se alinha com as prioridades da pessoa.** *"Oi! Olhei suas prioridades públicas para o trimestre [no Google, são chamadas de OKRs, ou objetivos e resultados-chave] e vi uma que se encaixa perfeitamente com algo em que também estou trabalhando. Eu adoraria colaborar com você* *para alcançar uma de suas metas para o trimestre em alinhamento com um projeto que comecei."*

- **Dê o máximo de detalhes/flexibilidade possível logo no início.** *"Oi! Eu adoraria que você conversasse com meu time. Aqui tem mais detalhes que talvez ajudem você a se decidir:*
  - *Data* (forneça várias opções, se possível).
  - *Hora* (forneça várias opções, se possível).
  - *Número de pessoas.*
  - *Estrutura da conversa* (perguntas e respostas, apresentação, dê várias opções para que a pessoa possa escolher a que pareça mais interessante).
  - *Por que pedimos especificamente a você.*
  - *Como seria se esse evento fosse bem-sucedido."*

Não importa se é você dizendo não ou tentando que alguém diga sim para você, essas táticas na vida real podem ser benéficas para conseguir exatamente o que você quer do seu tempo ou do tempo dos outros.

Com tempo e prática, essas técnicas para dizer não e (mais importante ainda) resguardar seu tempo vão se tornar naturais. Você vai saber quais tarefas merecem total atenção e energia, quais você pode delegar e quais pode simplesmente deixar para lá. Vai conseguir evitar a culpa que pode aparecer ao recusar coisas e o arrependimento que costuma surgir quando você percebe que disse sim (e às vezes até mesmo não) rápido demais. Aprender a dizer não libera sua mesa e seu calendário para organizar as coisas para as quais você disse sim. E estabelecer, desde o início, limites e normas de trabalho vai tornar menos provável que você precise dizer não no fim das contas! (Mais a respeito disso no Capítulo 12.)

PRÁTICAS DE PRODUTIVIDADE

- Pegue algo parado na sua caixa de entrada que está pesando em seus ombros e que você gostaria de recusar.
- Decida qual das "cinco maneiras de dizer não" é mais adequada para resolver o problema.
- Faça um rascunho da resposta perfeita que o ajudará a seguir sendo respeitado pelo solicitante e deixará seus preciosos tempo e prioridades intocados.

Capítulo

3

A LISTA-FUNIL

Agora que já definiu suas prioridades e bloqueou tempo da sua agenda ao dizer não, você precisa encontrar uma forma de ficar em dia com essas tarefas de alto impacto *e* decidir exatamente quando concluí-las. Entram aqui as listas. Elaborar listas pertence à parte *Consolidação* dos *5 Cs da produtividade*. Você vai agrupar todos os seus ciclos para que tenha acesso a eles na hora e no lugar certos para concluí-los.

Elaborar listas sempre é associado a altos níveis de produtividade. Um renomado estudo conduzido por Gail Matthews na Dominican University of California mostrou que anotar objetivos aumenta a probabilidade de alcançá-los em 42%.[1] Ainda que listas possam ser extremamente úteis, também podem ser arriscadas. Como pode aparecer na mesma lista de afazeres *aprender piano algum dia* e *terminar a apresentação marcada para as 17 horas*? Embora sejam coisas que você queira fazer, ambas demandam cronogramas e níveis de esforço completamente diferentes. Uma se enquadra em uma visão ampla e a outra é algo que precisa acontecer agora. Então como elas coexistem?

56 • PRODUTIVIDADE SAUDÁVEL

Listas não são algo que se faz uma vez só. São um sistema dinâmico e ativo que torna mais fácil para seu cérebro administrar as tarefas e garantir que você as execute. São a espinha dorsal da produtividade. Se usadas da maneira certa, listas podem ajudar a administrar sua vida. Podem manter sua consciência em relação ao que você precisa fazer e quando. Elas lhe dão um nível de confiança em si mesmo de que nada está "sendo negligenciado". Liberam seu cérebro para outras coisas. Um pouquinho de planejamento faz grande diferença em quanto você está realizando no longo prazo. Em *Comece pelo mais difícil: 21 ótimas maneiras de superar a preguiça e se tornar altamente eficiente e produtivo*, Brian Tracy diz que passar de dez a doze minutos planejando seu dia "vai poupar para você até duas horas (cem a 120 minutos) de tempo desperdiçado e empenho dispersado ao longo do dia".[2] Pense sobre fazer uma lista de compras. Se passo cinco minutos fazendo uma lista do que precisa e organizando os itens por corredores e depois gasto vinte minutos nas compras, já é mais eficiente do que os quarenta minutos ou mais que eu levaria vagando pela loja na tentativa de lembrar os itens de que preciso e onde eles ficam. Os cinco minutos gastos no planejamento antecipado me pouparam, na verdade, uns quinze em longo prazo.

Você pode pensar na lista de afazeres como um funil: comece pelo nível mais alto, com tudo o que você pode ou quer fazer, e vá restringindo até o que você vai, de fato, fazer a cada hora, com base em tempo, energia e prioridades. A Lista-funil a seguir é algo que ensinei com sucesso no Google por anos. Se você costuma se manter em dia com o que tem em mente, lidando com a carga mental dos afazeres pessoais e profissionais, saindo de reuniões com mais informações, sempre tentando se lembrar do que precisa ser feito e fazendo malabarismo com vários questões diferentes de uma só vez, a Lista-funil é para você. Use-a inteira ou apenas algumas partes. Desça até o patamar que achar que deve, com base em sua função, nível ou responsabilidade, mas é um sistema de ponta a ponta para se manter consciente de todos os afazeres. As pessoas têm usado esse sistema para criar os próprios blocos de nota, quadros brancos e modelos reutilizáveis. Cada um deles me traz novidades para que eu saiba que esse método poupou tempo e os tornou mais produtivos.

DESCENDO PELOS PATAMARES DA LISTA-FUNIL

A Lista-funil demonstra a eficácia de fazer listas do macro para o micro. Ela começa pela Lista Principal, que você pode encarar como uma vista a 10 mil metros de altura de tudo o que está acontecendo com você — uma varredura de todos os ciclos em seu cérebro que ainda não foram concluídos —, sem especificação de tempo nem cronogramas. Lembre-se de que não existe "você do trabalho" e "você da vida pessoal". É por isso que a Lista Principal engloba os dois tipos de afazeres. Um cérebro, uma lista. Depois de criar a sua, ela alimenta com ação a sua Lista Semanal. Esta discrimina os assuntos dos quais você vai cuidar naquele período e os tira da Lista Principal, designando dias específicos para isso. A Lista Diária é um resumo do seu dia, incluindo as prioridades mais importantes, quando você vai executá-las e o monitoramento dos hábitos que você gostaria de incluir no dia a dia. Uma parte da Lista Diária é o Planejamento Hora a Hora, um resumo de como exatamente vai ser seu dia e quando cada tarefa ou ação vai ser desempenhada nesse mesmo dia. Se você executar Hora a Hora conforme o planejado, vai concluir com êxito todas as tarefas maiores, uma hora de cada vez. Essas listas podem ser escritas no papel (como eu prefiro) ou serem virtuais. Tanto os recursos físicos quanto digitais para essas listas você encontra no meu site (https://lauramaemartin.com/resources, em inglês). O mais importante é que todos eles existem e interagem entre si.

A LISTA PRINCIPAL

Você precisa ter o que eu chamo de Lista Principal em todos os momentos. A minha é uma lista física em um bloco de notas, mas também mantenho uma versão digital. (Dica: toda vez que elaborar uma lista física, desenvolva o hábito de imediatamente tirar uma foto dela, pois, caso você perca o papel, a lista não estará perdida!)

O que chama a atenção na Lista Principal é que ela é dividida em tipos específicos de energia/ação com base em todas as coisas que você precisa fazer, quase como se fosse um painel visual. O exemplo que trago separa tarefas de trabalho das pessoais e depois as organiza pelo *tipo* de ação necessária para executá-las. Dividi-la assim ajuda você a ter um lugar fácil para consultar quando, por exemplo, estiver em um voo longo, durante o qual pode usar seu computador, mas não fazer ligações. Ou para quando você sabe que vai fazer coisas em casa e não vai estar no computador. Ou para quando já terminou de resolver assuntos e está com tempo livre antes de buscar as crianças na escola. É você preparando o Você do Futuro para o sucesso total ao ter um lugar para ir quando ações similares estão agrupadas.

A Lista Principal

Computador — Trabalho

- [ ] Criar treinamento por e-mail (até 2/10)
- [ ] Terminar a proposta do projeto
- [ ] Marcar reunião com Ma'ayan
- [ ] Fazer rascunho da newsletter (até 30/8)

Computador — Pessoal

- [ ] Fazer inscrição em acampamentos de verão
- [ ] Fazer convite on-line do aniversário do Xavier
- [ ] Terminar de escrever o livro (até 8/12)
- [ ] Fazer um caderno de fotos para minha mãe

Ligações

- [ ] Ligar para a natação e marcar iniciação
- [ ] Ligar para a diretora da Marie e falar da matrícula
- [ ] Ligar para o plano de saúde e falar da despesa com dentista
- [ ] Ligar para falar sobre a cerca quebrada

Em casa

- [ ] Organizar roupas de inverno das crianças em caixas
- [ ] Pegar coisas de praia para a viagem
- [ ] Consertar a porta de tela
- [ ] Aprender piano

Comprar

- [ ] Tapete novo para sala de estar
- [ ] Presente de aniversário do Ilan (antes de 3/7)
- [ ] Presente de Dia dos Pais para Judd (antes de 3/6)
- [ ] Ração do cachorro

Incumbências

- [ ] Devolver maiô (até 12/8)
- [ ] Levar o carro para revisão (até 1/11)
- [ ] Buscar fotos impressas
- [ ] Limpar o carro

Essas são as seis categorias básicas que uso, mas você pode criar as suas — qualquer coisa que possa ser agrupada com outras sob o mesmo tipo de ação. A maior parte do meu trabalho é no computador, mas você, sem dúvida, pode ter dois ou três detalhamentos para seu tipo de ação no trabalho, se for pertinente (eu manteria três ou menos). Por exemplo, como advogado de transações, é possível ter na lista *Fazer rascunho de contrato* e *Preparação para transação*, dois tipos de energia diferentes. Como fotógrafo, você pode ter *Respostas a clientes* e *Edição*. O objetivo não é ter uma subseção para cada projeto, mas fazer grupos de *tipos* similares de trabalho. Por enquanto, pense na sua Lista Principal como seu momento de esvaziar o cérebro. Mais à frente, vamos nos aprofundar em como assuntos novos se encaixam na lista (como e-mails e itens de ação de reuniões) e como isso evolui. Você vai verificar essa lista semanalmente e riscar itens cada vez que realizar e concluir um deles. Uma das melhores coisas a fazer para clarear a mente e se preparar para ser produtivo é criar uma Lista Principal de cada ciclo aberto em seu cérebro no momento, incluindo os prazos. Se você for colocar em prática apenas uma coisa deste capítulo inteiro, deve ser isso. É o que vai fazer a maior diferença para impulsionar sua produtividade. Comece com as categorias listadas acima como uma forma de refrescar o cérebro sobre todas as coisas que ele tem mantido dentro desses grupos.

A LISTA SEMANAL

Quando perguntam sobre o maior obstáculo à produtividade, costumo dizer quase sempre que é ter uma lista das coisas que você quer fazer, mas não planejar *quando* vai realizá-las.

Conheci uma executiva que reclamava de ter uma lista de afazeres interminável, com itens que sempre eram adiados. Pedi que ela trouxesse a lista para nossa primeira sessão de orientação, além de imprimir o calendário dela. Quando nos sentamos para repassar cada item da lista, falei: *"Muito bem, parece que você quer finalizar isso, quando planeja fazê-lo?"*. Para quase todos os itens, a resposta era: *"Bom, não sei, porque tenho reuniões o dia todo e fico sem tempo para isso ou para aquilo... talvez à noite?"*. Ninguém quer fazer seu trabalho todo à noite, principalmente depois de participar de reuniões o dia inteiro — é o que leva às pessoas ao burnout. Precisamos levar em consideração os itens da nossa lista de afazeres como *parte* da nossa agenda semanal e reservar tempo para eles, assim como fazemos com reuniões.

No começo de cada semana (faça disso uma tradição do domingo à noite ou da segunda pela manhã), você dá uma olhada na sua Lista Principal e, a partir dela, cria uma Lista Semanal. Trabalhar a partir da sua Lista Principal acaba sendo uma grande distração, porque você usa pontos de energia para olhar questões que não tem intenção de fazer nessa semana (vamos nos aprofundar em fluxo de trabalho de uma lista mais adiante neste capítulo).

Depois de elaborar sua Lista Semanal, dê uma olhada na sua agenda da semana. Agora encaixe as peças de como pretende "concluir" esses ciclos. Lembre-se: a Lista Principal é tudo que você quer fazer *em algum momento*, então, caso se trate de uma semana cheia de viagens ou reuniões, não tem problema se algumas coisas não saírem dessa lista para entrar na sua semana. Gosto de pegar partes da minha Lista Principal e criar locais/temas óbvios para elas toda semana. Sexta, no começo da noite, vejo as mensagens. Quarta à noite, realizo tarefas pessoais no computador. Terça à noite, nem chego perto do computador, faço tarefas relacionadas à minha casa. Domingo à noite, faço as compras on-line. Isso ajuda a garantir que cada área da minha Lista Principal receba atenção ao menos uma vez por semana.

> Um componente do pico de produtividade é ter
> um bom inventário de tudo o que você ainda não está fazendo.
> Isso é tão importante quanto tudo o que está sendo feito.

Talvez você perceba, olhando para seu calendário, que não há um espaço óbvio naquela semana para encaixar blocos de trabalho referentes aos itens pendentes. Isso indica que você precisa 1) ser realista a respeito do que consegue realizar, dada sua agenda de viagens/reuniões ou 2) começar a arrumar espaço no seu cronograma para esses itens. Ter atenção e cuidado com sua Lista Semanal vai impedir que você seja pego de surpresa no fim de uma semana de trabalho em que não concluiu as tarefas que pretendia realizar e acabe trabalhando o fim de semana todo, ou se veja já com a próxima semana atrasada. Vamos falar mais no próximo capítulo sobre como monitorar seus altos e baixos de energia produtiva, o que pode ajudar você a descobrir em que lugar da sua agenda encaixar diferentes tipos de trabalho.

Você também vai ver uma seção na sua Lista Semanal para elencar alguns daqueles temas diários. Como já mencionado, isso pode ajudar você a administrar sua energia e sua carga de trabalho a longo prazo, e a cada semana a curto prazo. Digamos que você vá fazer o jantar toda noite. Quão difícil é começar aquele processo, a cada dia, com: *o que faço para o jantar?*. Imagine que, em vez disso, você tenha temas, como segunda das almôndegas, terça italiana, quarta da receita nova, quinta da sopa etc. Temas tornam muito mais fácil o planejamento e a execução do jantar, garantem que você teste novas receitas com frequência e impedem que coma comida italiana três noites seguidas (o que, *pensando bem*, não é tão ruim assim).

A LISTA-FUNIL • 63

Na mesma linha, elaborar temas para seus dias de trabalho garante que você se concentre nas suas prioridades a cada semana, sem se esquecer de verificar determinada coisa de vez em quando ao longo delas. Você pode fazer da terça o "dia das tarefas administrativas e de despesas" e da sexta "acompanhamento ao cliente". No geral, o ideal é manter a consistência dos temas semana após semana ao elaborar a Lista Semanal, de modo a torná-los padrões.

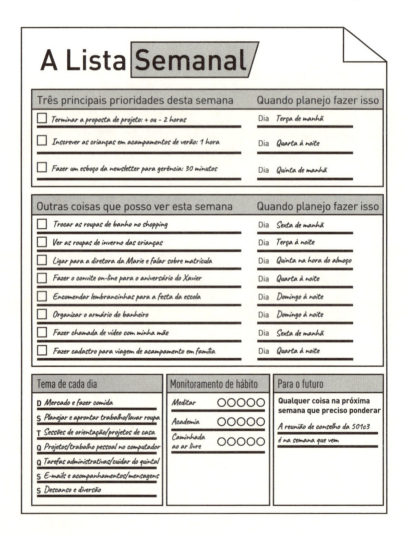

Você pode criar seus temas com base em coisas que já acontecem no dia — se faz a reunião de equipe na segunda-feira, talvez o tema desse dia seja "gestão de pessoas", e você também pode marcar suas reuniões individuais para mais tarde no mesmo dia. Também é possível elaborar seus temas com base nos blocos de sua Lista Principal. De vez em quando, os temas podem ser alterados com base em uma viagem ou outro compromisso. A consistência é útil quando você tem um tempo livre inesperado em determinado dia, porque você pode na mesma hora remeter a seu tema e saber em que trabalhar.

É na Lista Semanal que você especifica as coisas da sua Lista Principal que pode fazer esta semana e, então, as executa. Se está em uma reunião e recebe um item de ação que precisa ser concluído esta semana, mas que não tem como resolver hoje, ele deve ser adicionado à sua Lista Semanal. Há também um espaço para monitorar hábitos que você está tentando criar, como fazer meditação ou se exercitar. Essa lista ajuda a alavancar a criação da sua Lista Diária.

A LISTA DIÁRIA

A Lista Diária junta tudo isso. É o QUANDO. É aquilo que você verifica todos os dias. Algumas pessoas com quem trabalhei no Google fazem Listas Diárias plastificadas e as preenchem toda noite com canetas apagáveis. Outras transformam seus quadros brancos em imensos modelos de Lista Diária. Muitas gostam de fazer um arquivo digital que atualizam todo dia. Qualquer que seja sua escolha, a Lista Diária captura as minúcias e mostra tarefas e reuniões individuais que vão se unir para que você faça mais coisas.

A primeira seção é voltada para sua principal prioridade: qual tarefa você *precisa* fazer no dia? Até que esse item esteja concluído, tudo o mais é distração. Nossa tendência natural é escolher fazer primeiro as coisas "mais fáceis", que demandam menos energia para iniciar. Mas, em *Comece pelo mais difícil*, Brian Tracy fala sobre o benefício de realizar, antes de tudo, a tarefa mais difícil/importante, se possível.[3] Assim, você aproveita a execução dela pelo restante do dia, em vez de trabalhar sob o peso de um encargo que ainda não foi cumprido. Quando saio para caminhar pelo bairro, o caminho é bem agradável e tem uma colina. Quando vou pela esquerda, a colina é logo no início; quando vou pela direita, ela aparece no fim. Sempre que pego à direita, fico pensando o tempo todo que ainda vou ter que passar por essa colina enorme! Quando vou pela esquerda e passo logo por ela, já me sinto realizada e curto o restante da caminhada.

A lista de *Outras prioridades* vem diretamente da Lista Semanal. O que você se comprometeu a fazer nesse dia? O que se enquadra no tema de cada dia e você consegue inserir aí? Se estiver achando muito complicado compilar a lista, imagine que foi procurado por alguém que lhe disse que você tem que sair de férias durante um mês a partir de amanhã ou vai perder a janela desse período. O que você não deixaria *de jeito nenhum* de fazer antes de ir embora? Comece a partir daí.

Se você teve uma reunião de manhã e uma ação lhe foi designada, algo que precisa ser concluído até o fim do dia, adicione isso imediatamente a *Outras prioridades* na sua Lista Diária. Mais importante ainda: cada item dessa sublista deve ter um lugar no seu Planejamento Hora a Hora. *Se está na sua lista, está no seu calendário.* O Planejamento Hora a Hora também deve incluir qualquer coisa, como deslocamento, exercícios, reuniões, momentos para checar e processar e-mails (mais sobre e-mails no Capítulo 16) e quaisquer outros compromissos. Encare como um ensaio geral de como será seu dia. Pode ser uma lista física (eu prefiro assim, algo no ato de anotar fixa as coisas de verdade) ou blocos em seu calendário virtual. Nem sempre seu dia vai sair exatamente como o planejado, mas *sem dúvida* nunca vai sair como o planejado se não houver plano algum.

A Lista Diária

Prioridade principal de hoje
Terminar a proposta do projeto!

Hoje sou grata por:
Minha irmã vir jantar comigo!

Outras prioridades:
- ☐ Responder a Bhavna sobre o orçamento para 2025
- ☐ Roupas de inverno das crianças
- ☐ Definir sessões de orientação para semana que vem
- ☐
- ☐
- ☐
- ☐

Hora a hora

7h	Laura 30 e fazer café da manhã
8h	Deixar crianças na escola/trânsito/ver e-mail
9h	Terminar a proposta do projeto
10h	Terminar a proposta do projeto
11h	Responder e-mails e revisar formulário de pedido de sessão de orientação
12h	Almoço e caminhada
13h	Reunião
14h	Reunião
15h	Enviar para Bhavna o orçamento de 2025/ler pasta de e-mail
16h	Reunião/revisitar pasta de e-mail
17h	Ida para casa/começar a fazer o jantar
18h	Jantar e tempo com as crianças
19h	Ver as roupas de inverno das crianças

Tarefas pequenas
Pedir ração de cachorro
Falar sobre cor de tinta com o empreiteiro

Momentos conscientes
- ● Fechar o e-mail uma vez para trabalhar
- ○ Passar meia hora em silêncio
- ○ Caminhada ao ar livre
- ○

Prioridades de amanhã

Você também vai reparar em um espaço para algumas tarefas pequenas. São tarefas individuais menores ou partes de seus itens de ação maiores que levam cinco minutos ou menos e podem ser feitos durante intervalos não agendados que surgem ao longo do dia. Se pela manhã você se der conta de que precisa fazer uma ligação rápida para seu locador antes do fim do dia, acrescente isso diretamente na sua lista de tarefas pequenas. Então, se uma reunião acabar mais cedo, vá direto à lista e faça a chamada. Alguma de suas outras tarefas levou menos tempo do que você esperava? Peça rapidinho pela internet aquilo de que precisava. Ter tarefas pequenas à mão garante que cada minuto do seu dia seja bem usado e impede que você perca qualquer intervalo tentando descobrir "o que fazer agora".

No fim da Lista Diária, existe a chance de você terminar com tarefas não concluídas que ficam para o dia seguinte e riscar qualquer coisa que foi executada da sua Lista Semanal. Esse passo é muito importante para garantir que você não se comprometa a fazer algo um dia, não aborde a questão e ela suma de seu radar. As tarefas não são riscadas da lista maior, a Lista-funil, até que estejam completamente concluídas, o que garante que você se lembre delas na revisão da lista se ainda precisarem ser terminadas. Preencho a Lista Diária do dia seguinte na noite anterior (mais sobre a importância desse passo no Capítulo 12). Você também vai ver uma seção para escrever algo pelo que sente gratidão. Acho que acrescenta perspectiva. Enquanto vivo meu dia e sigo minha lista de afazeres, adoro olhar para o topo da lista e me lembrar de algo que me fez feliz nesse dia.

OUTRAS LISTAS

Há outras formas de utilizar uma lista que não foram abordadas. Elas são complementares e devem existir à parte de sua Lista-funil, porque têm um fluxo de trabalho diferente.

Lista de Captura

Quase nunca temos nossas melhores ideias quando estamos diante de nossas listas ou nosso computador. Elas vêm quando estamos no banho, ou no trânsito, ou no passeio com o cachorro. Você vai reconhecer a *Captura* como um dos *5 Cs da produtividade* vistos na introdução. A Lista de Captura é o que ajuda a conectar um ciclo aberto a um ciclo concluído, porque é onde você anota qualquer ciclo que se abra em seu cérebro. Encare-a como um estacionamento ou uma sala de espera que impede que as coisas cheguem a você até que consiga encaixá-las totalmente em uma seção da sua Lista Principal. Muitas vezes nos mandamos "fazer uma anotação mental" de algo, mas fazer várias delas sobrecarrega o cérebro e o deixa preso a diversas coisas. Em vez disso, faça uma anotação de verdade.

Os dois aspectos mais importantes da Lista de Captura são 1) que ela é acessível de qualquer lugar (em geral, pelo telefone ou computador) e 2) que você pode acrescentar coisas usando a função de digitação por voz. Sua Lista de Captura deve ser um misto de coisas que você pensou e vai incluir todo tipo de ações diferentes que precisam ser classificadas. Tudo, desde *"ligar para a escola da Juliet para falar das faltas na semana que vem"* até *"mandar e-mail para o proprietário sobre paisagismo"* e *"comprar uma lâmpada nova para a varanda"*, são pensamentos aleatórios de coisas que você precisa ou quer fazer e que, por enquanto, vão ficar anotados no mesmo lugar.

Um cérebro, uma Lista de Captura. Depois, quando acessar sua Lista Principal toda semana, veja sua Lista de Captura para transferir esses itens e colocá-los em seu devido lugar na Principal (veja mais adiante neste capítulo sobre como seguir o fluxo de trabalho dessa lista).

Um dos melhores usos da Lista de Captura que já presenciei foi o de Lorraine Twohill, SVP (vice-presidente sênior) de Marketing Global do Google. Ela usa o Google Keep para capturar qualquer coisa que inspire sua criatividade. Pode ser um anúncio, uma foto, uma frase ou algo que ela pensou de maneira espontânea que gostaria de fazer, e ela nunca deixa que nenhuma ideia ou pensamento criativo lhe escape. Assim que entra em sua mente, Lorraine coloca em sua Lista de Captura. Isso se tornou seu ponto de referência para visões e execuções futuras e funciona como o lugar em que ela reúne e digere qualquer coisa que a inspirou ultimamente.

Lista de "coleções"

Essa é uma lista de coisas que um dia você gostaria de fazer, de coisas com as quais gostaria de trabalhar, de lugares que pretende visitar, de livros que pretende ler, mas não necessariamente faz parte da sua lista de afazeres do dia a dia. Por exemplo, talvez você tenha uma lista de livros que queira ler, músicas de piano que queira aprender ou receitas que queira testar. Vamos falar mais sobre como arranjar tempo para rotinas como ler ou tocar piano nos próximos capítulos, mas esse tipo de lista fica de fora da Principal. Ela pode ser mantida como um acréscimo e ser verificada em uma cadência parecida (mensal) ou quando necessário (depois que você termina um livro e precisa de um novo).

Lista de compras

Seria meio ineficiente adicionar cada item de que você precisa do mercado à seção de *Comprar* da sua Lista Principal. Em vez disso, mantenha uma Lista de Compras à parte, em um lugar sempre acessível. A ideia é que essa lista seja mantida em seu telefone, sincronizada com o computador, compartilhada com seu cônjuge/parceiro/ colega de apartamento e acessível à digitação por voz (para que, caso sua mão esteja suja depois de ter quebrado o último ovo, você possa acrescentar verbalmente "ovos" às anotações). Antes de ir ao mercado a cada semana, dou uma olhada nessa lista e coloco tudo numa nova lista, dividida por seções (*hortifrúti, laticínios, grãos, congelados, corredores variados, lanchinhos, bebidas*), e tiro uma foto! Ou, se eu parar de repente no mercado, também posso acessar minha Lista de compras no telefone e ver o que meu marido e eu acrescentamos que eu possa pegar rapidamente. (Você também pode acessar o modelo que elaborei para Lista de compras no meu site.)

O FLUXO DE TRABALHO DA LISTA-FUNIL

Um bom fluxo de trabalho em uma lista é o que leva a produtividade a outro patamar. A princípio, pode levar um tempinho para elaborar sua Lista Principal, mas, depois disso, você só precisa de alguns minutos todo dia e toda semana para manter esse sistema. Veja na imagem a seguir como vai ficar a cada semana. Na maior parte do tempo, a Lista Principal se mantém consistente enquanto os itens vão e vêm. Se você tem uma versão digital dela, pode simplesmente excluir itens ao voltar para fazer a revisão semanal e, se tem uma versão física, pode apenas tornar a copiá-la uma vez por mês mais ou menos, quando já houver uma boa parte dos itens riscados e você quiser começar um documento novo. Depois, toda semana (domingo à noite ou segunda de manhã), você faz uma Lista Semanal e uma Diária para cada dia, puxando itens da Lista de Captura. Pode parecer que cada um desses fluxos de trabalho leva tempo, mas, na verdade, são apenas alguns minutos ou menos. Insira-os na sua agenda e no seu fluxo, e eles vão se tornar intuitivos. As listas podem ser independentes, mas é o fluxo de trabalho que as integra em um sistema. Ter um fluxo-padrão, em que você confia em si para dar uma olhada nas listas em um ritmo específico, elimina muito do estresse com "prazos", porque você está à frente deles. Se eu tenho um projeto a ser entregue em dois meses na minha Lista Principal, presume-se que vou ver isso *oito* vezes ou mais ao olhar para essa lista uma vez por semana — o prazo não vai me pegar desprevenida, e vou me certificar de ter tempo suficiente antes do "último minuto". Uma agenda que utiliza a Lista-funil para criar um fluxo de trabalho fluido fica parecida com a figura a seguir.

Dependendo de quanto você estiver "no fluxo", é capaz de descobrir que precisa transferir itens da sua Lista de Captura para a Principal com mais frequência, de duas a três vezes por semana, ou até mesmo toda noite, durante o preparo de sua Lista Diária para o dia seguinte. Se pensar em alguma coisa enquanto estiver diante da sua Lista Principal, não há necessidade da etapa a mais de adicionar antes à Lista de Captura — apenas acrescente diretamente na Principal. Ou, se pensar em algo que precisa fazer naquele dia, acrescente direto na Lista Diária (não se esqueça de ver se há espaço para isso!).

Início único → Crie sua Lista Principal atual					
Conforme as ideias surgem → Anote-as em sua Lista de Captura					
Dom	Seg	Ter	Quar	Qui	Sex
● Atualize sua Lista Principal riscando tarefas concluídas na semana anterior e verifique sua Lista de Captura para novas ideias. ● Consulte sua Lista Principal, transfira para a Lista Semanal e faça a Lista Diária na segunda.	● Atualize sua Lista Semanal riscando tarefas concluídas. ● Consulte suas Listas Semanal e Diária do dia anterior e transfira para uma nova Lista Diária para o dia seguinte. ● Considere verificar sua Lista de Captura de duas a três vezes por semana, para ver se algo foi acrescentado nos últimos dias.				

LISTAS SÃO O CORAÇÃO DA PRODUTIVIDADE

Usar listas de forma eficiente é a chave. Compreender o que fazer ao ter uma ideia, o que fazer ao ter tempo sobrando e o que fazer para ver tudo o que já fez ou não a qualquer momento é fundamental. A Lista-funil resolve tudo isso.

Ao organizar suas tarefas, responsabilidades e afazeres em listas que vão do macro para o micro, você obtém uma noção de escala e prioridade muito mais nítida, além de poder lidar melhor com sua agenda em uma base diária e semanal. Vai ficar cada vez mais fácil, como se fosse intuitivo. Embora as listas e Lista-funil sejam absolutamente fundamentais para a produtividade, para a maximização da sua eficácia, precisamos compreender como se aplicam ao uso nosso do tempo.

A LISTA-FUNIL • 73

PRÁTICAS DE PRODUTIVIDADE

- Esvazie o cérebro e crie sua Lista Principal.
- Use as Listas Semanal e Diária para o decorrer da semana.
- Deixe uma Lista de Captura no telefone (use recursos como o Notas, da Apple, ou o Google Keep) para capturar quaisquer ideias ou ciclos abertos que surjam e ainda não estejam em sua lista.
- Acrescente ao seu telefone uma Lista de Compras que pode ser acessada por digitação por voz quando você estiver na cozinha com as mãos sujas!

PARTE II

QUANDO FAZER

Capítulo

4

CONHEÇA SEU RITMO

Um de meus clientes era um publicitário que morava na Costa Oeste. Ele tinha uma equipe que ficava em Nova York e colegas na Califórnia. Quando perguntei sobre o horário de pico de sua energia, ele respondeu: "Pela manhã! Sem dúvida, sou uma pessoa matinal". Então, perguntei: "Ah, que ótimo, então a maior parte da sua concentração no trabalho estratégico se dá pela manhã?". Ele respondeu: "Não, passo a manhã toda em reuniões com o pessoal da Costa Oeste, por isso faço a maior parte do meu trabalho quando minha energia está baixa, na parte da tarde". Dá para ver por que ele não estava se sentindo tão produtivo. Ainda que estivesse dedicando *algum* tempo a se concentrar no trabalho, era o tempo *errado*, considerando seus níveis de energia.

Mais importante ainda do que o *que* você planeja fazer é *quando* você planeja fazer. A agenda de todo mundo apresenta blocos de tempo (como reuniões) que estão fora do nosso controle, mas nossos blocos de tempo livre não têm todos o mesmo valor.

É importante aprender quando é o melhor momento para *você* fazer determinado tipo de tarefa.

Os horários no seu calendário *não* são todos iguais.

Todos temos alguma noção de quando estamos em nossa melhor forma e com mais energia — momentos em que estamos *totalmente concentrados* — e quando não estamos. Muitos de nós começamos a realizar trabalho remoto, e a redução do tempo gasto no trânsito abriu espaço para coisas como caminhadas e cochilos no meio do dia, começar a trabalhar mais cedo ou mais tarde, e isso permitiu que víssemos nosso fluxo pessoal de energia com uma nova clareza.

Alguns são notívagos, e outros funcionam bem às 5 horas da manhã. É intrínseco a nosso sistema. Uma pesquisa recente, que inclui um estudo de 2016 conduzido pela Sleep Society e publicado pela Oxford University Press,[1] sugere que nosso cronotipo — nosso próprio ritmo circadiano pessoal — é amplamente determinado pela biologia. Meu marido e eu descobrimos que temos agendas *exatamente* opostas. Sinto que estou em declínio durante o dia (em geral, por volta das 14 horas), e essa é a hora preferida dele para começar a se exercitar! Adoro acordar cedo para me preparar para o dia às 6 da manhã, e ele quer falar sobre finanças às 23 horas, quando já estou sonolenta. Vi esses ritmos surgindo em meus próprios filhos desde que eram bebês. Minha filha não gosta tanto de ler à noite porque está começando a ficar cansada, mas vai se sentar, ler ou ouvir a história de um livro, satisfeita, pela manhã. Perto da hora do almoço, ela adora fazer arte, porque se sente bem criativa. Esses ritmos já existem dentro de todos nós. Se conseguirmos descobrir quais são, podemos fazer do tempo que reservamos para realizar coisas o *melhor momento* para isso.

MAPEANDO SEUS PADRÕES DE PRODUTIVIDADE

Uma das primeiras perguntas que faço a executivos no formulário de admissão para minhas sessões de orientação é: *se você tivesse um dia inteiro amanhã, sem reuniões, sem interrupções, sem compromissos firmados, mas com uma porção de coisas para fazer, como estruturaria seu dia?* Essa pergunta pode ser um bom ponto de partida para descobrir quando acontecem seus momentos mais produtivos. Para alguns, pode ficar assim: acordar às 9 horas, começar a manhã mais devagar vendo e-mails ou se atualizando das notícias do mercado, fazer uma caminhada, almoçar mais tarde, aí se concentrar no trabalho até umas 19 ou 20 horas. Talvez começar mais tarde e terminar por volta de meia-noite. Para outros, pode ser começar às 5 da manhã, malhar no meio do dia, fazer uma pausa das 14 às 16 horas e uma triagem de leve nos e-mails antes do anoitecer, quando já estão sem energia. Mantenha um caderninho de anotações a seu alcance por duas semanas e, a qualquer momento em que se sentir muito produtivo, anote as condições. Meu padrão de produtividade, quando me sinto mais no fluxo, parece ser:

- Pela manhã/começo da tarde, entre 8 e 13 horas;
- Quando não há mais ninguém no ambiente;

- Duas horas depois de tomar café;
- Ouvindo música instrumental (em geral trilhas sonoras de filme);
- Depois de comer uma refeição que me deixa satisfeita (mas não em excesso);
- Em um laptop, ao contrário de com minhas duas telas, que oferecem oportunidades demais para fazer multitarefas.

Observe quando você está no seu melhor (e pior), anote durante algumas semanas e repare nos padrões para ganhar mais insight sobre seu fluxo de energia particular.

ENCONTRE SUAS HORAS DE ENERGIA

Depois que você desvendar um pouco dos seus padrões gerais de produtividade, comece a replicar suas condições ideais com o máximo de frequência possível. Isso também ajuda a reduzir as possibilidades até encontrar o que chamo de *Horas de Energia: as duas ou três horas do dia em que você se sente mais produtivo*. Produtivo pode significar coisas diferentes, então, em nome das Horas de Energia, vamos falar sobre concentração, foco e trabalho estratégico. Isso é o ideal quando você trabalha em tarefas individuais referentes a suas três principais prioridades. Pense em suas Horas de Energia como o tempo em que seus pontos de energia são mais bem gastos. É o momento em que você se sente mais "por dentro de tudo". Durante esses blocos de tempo, seria um verdadeiro desperdício ficar em reuniões de baixa energia, porque essas horas oferecem a você maiores chances de produzir o *seu* melhor resultado individual. As minhas são em geral entre 9 e 11 horas.

Às vezes, você vê suas Horas de Energia parcialmente se sobrepondo a compromissos que você não tem como mudar, por exemplo, uma reunião com seu gerente ou pegar seus filhos na escola. E tudo bem! Tente honrar essas horas *em algum nível*. Bloquear suas Horas de Energia para o próprio trabalho, até mesmo de uma a três vezes na semana, ou apenas uma das suas três Horas de Energia, vai fazer uma enorme diferença no quanto de controle você sente em relação a seu trabalho e suas listas de afazeres.

O executivo que mencionei anteriormente começou a reservar duas manhãs por semana apenas para trabalho de foco. Ele mudou o máximo que pôde todas as suas reuniões com a Costa Oeste para as outras três manhãs. Disse que isso aumentou sua produtividade geral da semana em quase 30%, porque sabia que tinha esses dois blocos de tempo imensos durante seu período natural de se sentir produtivo. Não se arrastava mais durante o trabalho em suas horas de menos energia. Ouço de diversos clientes de que *essa única mudança em sua agenda fez a maior diferença na produtividade geral*. Encontrar suas Horas de Energia e então mudar levemente a agenda para reservá-las para suas três principais prioridades pode ser a mais ínfima das mudanças a fazer a maior diferença. Orientei uma executiva que estava fazendo sua pausa para o almoço todo dia ao meio-dia. Ela percebeu que suas Horas de Energia eram, na verdade, das 10 às 13 horas. Ela começou a almoçar mais tarde e descobriu que o horário do meio-dia às 13 horas era um dos seus momentos mais produtivos do dia — e pensar que ela o gastava comendo!

O QUE FAZER NAS SUAS HORAS DE BAIXA

Em oposição às suas Horas de Energia, estão suas duas horas de menor energia todo dia. Eu as chamo de "Horas de Baixa", e não porque se dão fora do horário de trabalho, mas porque se dão fora de seu pico de energia. Se você é uma pessoa matinal, provavelmente sua baixa acontece em algum momento da tarde. Se você gosta mais do fim de tarde, não é muito provável que vá executar sua Lista Diária às 8 horas da manhã. O que fazer com essas horas? Elas são um momento excelente para lidar com outras atividades, como se atualizar tomando um café, pagar contas ou responder àqueles e-mails que exigem respostas rápidas e demandam pouca energia.

Por mais que pareça contraintuitivo, você tem mais probabilidade de ser criativo quando sua energia está em baixa. Quando estamos menos concentrados, estamos pensando em uma ampla gama de ideia e conexões, já que o cérebro está um pouco "agitado". De acordo com uma pesquisa conduzida por Mareike Wieth, professora associada de psicologia na Albion College,[2] somos mais criativos à tarde ou em momentos em que estamos um pouco cansados ou grogues e incapazes de aumentar nossa concentração. Também é um ótimo momento para dar uma caminhada, o que permite que sua mente vague ainda mais e de forma natural.

É importante lembrar que, embora nosso cronotipo, em geral, seja imutável, é sempre bom ter certeza de que você está trabalhando e testando suas suposições a respeito de seu melhor momento para realizar determinadas tarefas. Enquanto escrevia este livro, achei que eu fosse ter um desempenho melhor nas minhas Horas de Energia, então comecei a bloqueá-las todo dia para isso. Mas, conforme as semanas passavam, descobri que aquelas horas de energia em alta eram melhores para rascunhar, revisar edições e tomar decisões sobre o livro. Ao contrário do que eu esperava, eu me sentia mais criativa e no fluxo de escrita durante meus momentos de energia mais baixa. Acabei ajustando minha agenda e meus blocos de trabalho totalmente norteada por essa percepção.

COM O FLUXO

Conhecer bem suas Horas de Energia e suas Horas de Baixa ajuda você a se manter no controle. Isso faz do tempo que você reservou o melhor momento para fazer algo. Gera resultados mais satisfatórios e garante que sua energia esteja no lugar certo antes que você inicie a tarefa. A melhor maneira de encarar isso é: quando estou a fim de fazer esse tipo de tarefa? Aloque-a ali! Dica: se você se sentar à mesa para fazer algo e pensar "aaaarrrggghhh", provavelmente não é o melhor momento para isso. Permita-se não fazer algo que você não está a fim de fazer (afinal, com uma boa Lista-funil, você deve estar à frente dos seus prazos!). Pergunte-se: fazer essa tarefa é como remar contra a correnteza ou flutuar seguindo o fluxo? Você quer ter a sensação de flutuar na correnteza e fazer algo com facilidade no momento em que estabeleceu que faria. É assim que você sabe que é o melhor momento. Esse conhecimento permite que você tenha períodos de baixa energia ao longo do dia e os use para coisas compatíveis com esse tipo de energia, enquanto maximiza seu tempo durante os períodos mais eficazes.

Da mesma forma, você deve se sentir capacitado para aproveitar momentos em que "está a fim" de fazer algo. Se bloqueou duas horas para trabalhar em algo e adicionou uma pausa depois porque presumiu que estaria cansado, mas na verdade ainda se sente cheio de energia e motivado a trabalhar nisso, vá em frente! Quinta, em geral, é meu dia de descanso da academia, porque costumo estar cansada. Mas, de vez em quando, acordo na manhã de quinta-feira com energia para me exercitar, e é o que faço, mesmo que não esteja no meu plano original! Planejar em cima de sua produtividade e de seu fluxo de energia faz uma diferença brutal, mas não há momento como o presente para voltar e se perguntar o que você *sente* ou não vontade de fazer.

Até aqui você aprendeu a reconhecer e estabelecer suas prioridades, além de identificar as tarefas necessárias para realizá-las. Aprendeu a dizer não e ser amigável, e assim preservar seu precioso tempo. Você compreendeu a mais absoluta importância de fazer listas para monitorar seu fluxo de trabalho. Aprendeu a determinar quais horas do dia são melhores — para *você* — para agendar diferentes tipos de trabalho. Mas como sintetizar todo esse conhecimento valioso em um calendário que funcione? É mais fácil do que você imagina.

PRÁTICAS DE PRODUTIVIDADE

- Mantenha um caderninho na sua mesa por duas semanas. Toda vez que se sentir totalmente concentrado — excepcionalmente produtivo —, anote algumas das condições. Repare nos padrões.
- A partir daí, descubra quais são aquelas duas ou três horas do dia em que você se sente mais concentrado. Reserve-as com o máximo de frequência possível na sua agenda para tarefas ligadas às suas prioridades principais.
- Use suas Horas de Baixa para reuniões, brainstorming, atualizações, leitura de artigos a respeito do mercado ou tarefas administrativas do dia a dia.

Capítulo

5

CALENDÁRIO BASE ZERO

Quando os contadores criam um orçamento para o ano seguinte, às vezes usam o que é chamado de orçamento base zero. Resumindo muito por alto, significa que não olham o orçamento ou as despesas do ano anterior para ter uma estimativa do que precisam neste ano. Começam completamente do zero e se perguntam: *do que realmente precisamos com base no que sabemos hoje?* Essa mentalidade pode ser usada para equilibrar o que é chamado de *efeito dotação*, uma descoberta psicológica de que as pessoas são mais propensas a dar valor a um objeto que elas já têm (ou uma reunião já marcada no calendário) do que ao mesmo objeto que não é delas (se tivesse que aceitar a mesma reunião hoje). Gosto de aplicar esse mesmo princípio na hora de arrumar o que chamo de armário base zero: se meu armário fosse uma loja e eu fosse até ele *hoje* fazer compras, quais dessas roupas compraria de verdade?

Esse modo de pensar nos ajuda a eliminar a ideia de manter algo só porque sempre esteve lá, em vez de nos concentrarmos na realidade do que, de fato, precisamos *agora mesmo*. Também é a base do que chamo de *Calendário base zero*. É a prática de pensar em como seria seu calendário ideal se você pudesse pensar em seus compromissos, reuniões e prioridades de um novo ponto de vista. Uma das coisas de que mais gosto no mundo é a reação quando levo para alguém um *calendário completamente em branco* e um marca-texto. É uma sensação de um novo começo. De repente, é como se a pessoa fosse a designer da própria vida. (Spoiler: ela é!) Quando estou trabalhando com meus clientes, nos sentamos juntos para fazer o rascunho de um modelo novo e ideal da semana, se ela fosse exatamente do jeito que a pessoa queria. É claro que há coisas que não podemos alterar e compromissos que precisamos manter, mas usamos isso como um modelo e um ponto de partida para um brainstorming a respeito de sua agenda *ideal*. Pense nisso como identificar os "blocos de construção" da sua agenda e depois acrescente coisas em cima deles. Qualquer um pode fazer isso sozinho seguindo poucos passos fáceis.

Em um calendário completamente em branco, acrescente na seguinte ordem:

1. **Coisas que *não* posso alterar.** (Em um orçamento, pense nisso como as taxas que precisam ser pagas, as não negociáveis.) Pode ser a reunião de equipe do seu gerente, deixar o filho na escola ou qualquer outro compromisso que *não* tenha a possibilidade de alteração.
2. **Suas Horas de Energia e blocos urgentes.** Bloqueie quando quiser tempo para se concentrar no trabalho, mesmo que seja apenas uma hora do seu bloco de três horas ou um ou dois dias na semana. Qualquer tempo que você puder bloquear semanalmente durante suas Horas

de Energia vale ouro. Talvez você também perceba que as Horas de Energia de alguns dias são melhores que outras. Sei que das 9 às 11 horas de sexta-feira é o horário mais poderoso de todas as minhas Horas de Energia, porque estou motivada para mandar ver no trabalho antes do fim de semana. Eu me *certifico* de bloquear essas horas toda semana. É aí que insiro meus maiores projetos e as tarefas mais estratégicas. Você também pode usar o conselho do Capítulo 2 e bloquear um período do dia para lidar com assuntos urgentes.

3. **Suas Horas de Baixa.** Elas podem acontecer diariamente (momentos depois do almoço para fazer uma caminhada, ou ver e-mails, ou desopilar; um bloqueio de meia hora pela manhã para ler as notícias do mercado — tudo que você identificou ao mapear seus padrões de produtividade.) Também podem ser pontuais ou semanais. Por exemplo, você sabe que sempre precisa de uma pausa depois de sua reunião de duas horas com a equipe na segunda-feira, então vai lá e bloqueia esse tempo. Desacelerar *também* pode ocorrer semanalmente. Sei que nas manhãs de quinta tendo a me sentir um pouco sobrecarregada e cansada. E sei que não estou sozinha: durante os dez anos que dei aulas de balé fitness, o estúdio recebia o número mais baixo de alunos para essa aula nas quintas. As pessoas trabalhavam de segunda a quarta, ainda não estavam pensando no fim de semana e não estavam a fim de fazer exercício nesse dia. Era um dia de descanso universal para muita gente. Eu me sinto da mesma forma no trabalho. Tento evitar conversas importantes, comparecer a reuniões de tomadas de decisão, iniciar novos

projetos ou participar de discussões estratégicas numa quinta-feira, se possível. Talvez você faça jantar para sua família a semana toda e, na quinta, meio que já tenha cansado de cozinhar e, como consequência, tema essa noite. Faça dessa a noite de sobras ou delivery. Minha filha estava fazendo aula de ginástica depois da escola às quintas, e eu sentia como ela estava com a energia em baixa e, como consequência, não amava o que estava fazendo. Troquei o horário dela para segunda à tarde e foi uma experiência completamente diferente. Só saber esses padrões de seus níveis de energia já faz uma enorme diferença. Planejar com antecedência faz uma diferença maior ainda.

4. **Seus pontos de controle.** São pequenos momentos ao longo da semana em que você planeja o restante do seu tempo. Pode ser um bloqueio curto em uma manhã de segunda ou uma noite de domingo para criar sua Lista Semanal, ou um período de dez a quinze minutos ao fim do dia para fazer sua Lista Diária para o dia seguinte. Digamos que seu gerente tenha uma reunião de duas horas com o time e você sempre se sinta sobrecarregado quando tem uma reunião logo depois disso. Pode ser porque é um longo bloco de tempo e você precisa de uma pausa ou porque você sempre tem itens de ação que precisa processar depois da reunião. De todo modo, essa meia hora é um ponto de controle — pode bloquear! Ter essa meia hora bloqueada para si toda semana vai trazer benefícios exponenciais, mais do que ter outro período bloqueado em algum momento na semana. Depois da orientação com um executivo, descobrimos que, se ele não tivesse uma hora ou pouco mais

nas manhãs de segunda para organizar seus e-mails, fazer a Lista Semanal e conversar com seu assistente, estimava que sua semana seria pelo menos 20% menos eficiente. Como já mencionei, quando eu atuava em vendas, tentava manter a manhã de segunda reservada para preparar meu *pitch* para as ligações, as de terça a quinta para ligações de vendas pontuais e semanais, e a de sexta para fechamento e acompanhamento das conversas. Manter essa estrutura garantia que eu nunca fizesse uma ligação despreparada ou deixasse a peteca cair nos itens de acompanhamento.

5. **Temas diários.** Como mencionamos na Lista Semanal, é de grande ajuda ter uma ideia geral de seus temas diários ao longo da semana. Líderes de negócios — incluindo Ryan Carson, fundador da Treehouse; Arianna Huffington, CEO da Thrive Global e fundadora do *Huffington Post*; Daniel Ek, CEO do Spotify; e Jack Dorsey, cofundador do X (antigo Twitter) — usaram esse método.[1] Os temas diários ajudam você a se aprofundar em um tópico e evitar trocar de tarefa/conteúdo, ou o que gosto de chamar de agenda cruzada, que é inserir uma tonelada de assuntos diversos e tipos diferentes de reuniões e trocar de contexto muitas vezes ao dia. Médicos costumam tematizar seus dias ao terem as segundas para consultas, as terças para cirurgias e as quartas para acompanhamento, por exemplo. Um estudo no *Journal of Experimental Psychology: Human Perception and Performance*[2] indica que essa troca mental causa perda de tempo e energia e diminui a eficiência, algo que todos nós sentimos depois de um dia particularmente "bagunçado".

Ao ter temas declarados (ainda que sejam para metade de um dia), você é capaz de 1) se aprofundar em um assunto, porque tem pensado nele por mais tempo (imagine os benefícios de uma reunião de projeto, depois uma individual com alguém, e, então, um tempo de trabalho só seu, tudo sobre o mesmo assunto, tudo no mesmo dia) e 2) garantir que você está de olho em algo com que se importa, de maneira abrangente, ao menos uma vez por semana. Se eu fizer da quinta meu dia de *Tarefa administrativa* e *colocar os e-mails em dia* ou de *Panorama geral de projeto/visão*, tenho certeza de que não ficarei mais de uma semana sem dar uma olhada nessas coisas e, de segunda a quarta, não me estresso com minhas tarefas administrativas porque sei que esse dia está chegando!

O que a maioria das pessoas faz (agenda comum/método cruzado)	O que as pessoas devem fazer (agrupado por tema e tipo)
8h — Reunião com a equipe	Trabalho matinal e brainstorming
9h — Reunião individual	
10h — Reunião individual	
11h — não marcar nada / Reunião de líderes	
12h — Almoço	Almoço
13h — Brainstorming	Reuniões individuais
14h — Reunião de kick-off / Ligar pro médico	
15h — Reunião individual	
16h — Prefeitura	Tempo de foco + encerramento
17h — Reunião	
18h — Ir para casa / Jantar	
19h — Ligação com Ásia-Pacífico	

Você também pode ter temas para tarefas pessoais, como domingo: *fazer mercado e comida*; segunda: *lavar roupa*; terça: *projetos de casa*.

Eu tenho tanto temas de trabalho quanto de vida pessoal para cada dia. Outro benefício de ter temas pessoais é que você não precisa adicionar tarefas em andamento, como *lavar roupa*, na sua Lista-funil. Você sabe que é algo que vai consistentemente precisar fazer e já tem um espaço destinado para isso (segundas!). Veremos mais no Capítulo 17 a respeito de como garantir que você, de fato, lave roupa na segunda-feira!

O VALOR DE UM DIA NÃO PLANEJADO

É ótimo planejar reuniões e blocos de tempo de trabalho, mas não subestime o valor de um dia ocasional sem nenhum tipo de planejamento. Se você tem a possibilidade de colocar um dia "sem reunião" na sua agenda, faça isso! Um dia sem reuniões ou compromissos é muito diferente de um dia com ao menos uma reunião de meia hora às 14 horas. Por algum motivo, até mesmo esse único compromisso dá a sensação de ser algo que vai além de meia hora, porque seu dia inteiro flui ao redor disso.

É um bom exercício, de vez em quando, se dar um dia em que você planeja trabalhar mas não tem nenhum compromisso agendado. Faz você se sentir no controle total do que precisa fazer *e* quando quer fazer, colocando-o em contato outra vez com seus padrões naturais de produtividade.

USANDO SEU MODELO

Agora você já tem um modelo que é o ponto de partida para sua *semana ideal*. Sabe exatamente onde deve alocar momentos de concentração no trabalho, sabe mais ou menos o que quer que cada dia abarque e abriu espaço para aqueles momentos em que está focado para valer e aqueles em que não está. Esse modelo de blocos de construção se torna seu ponto de partida a cada semana e permite que você case sua energia e seu foco com suas tarefas. Então, quando você olha sua Lista Diária e vê que precisa se empenhar para finalizar algo estratégico, já tem algumas Horas de Energia esboçadas. Se alguém pergunta se você pode sair em algum momento das próximas três semanas para um cafezinho e um papo sobre carreira, você sabe quais são seus momentos de baixa energia que funcionariam para isso. Se você não tivesse um modelo e apenas respondesse *"encontre um horário vago na minha agenda!"*, aquele cafezinho poderia acabar indo parar em suas Horas de Energia ou na meia hora depois da reunião com o time, que você já bloqueou para fazer uma pausa toda semana. Esses blocos rudimentares de tempo para trabalho e reuniões são grandes variáveis, e mais especificidades surgem a cada semana, quando você entende sua carga de trabalho e outras coisas podem aparecer.

IMPLEMENTAÇÃO GRADUAL

Não encare isso como mandar pelos ares a agenda do Você de Agora. Encare como preparar o calendário para o Você do Futuro.

Você pode ler isso e pensar: *é ótimo elaborar essa agenda ideal, mas não posso simplesmente mandar pelos ares minha agenda toda e começar do zero amanhã!* Ou: *eu não tenho esse controle todo da minha agenda. Reuniões brotam no meu calendário ou surgem compromissos do nada, e preciso estar disponível!* E, embora seja verdade que com certeza vão acontecer reuniões com diversas pessoas, em que o único horário adequado coincide com um de seus tempos reservados, você precisa estar ciente do que envolve participar dessa reunião — saber exatamente do que está abrindo mão e como isso vai afetar sua agenda. Ter um modelo de calendário pode ajudar você a se sentir melhor ao escolher aceitar essas reuniões quando necessário, porque você tem outro período de trabalho bloqueado ao longo da semana em que se apoiar.

Encare isso como um rascunho rudimentar da sua semana ideal. Sua agenda nunca vai estar 100% alinhada com seu ideal se não existir um modelo. Até mesmo um ou dois dias em uma agenda alinhada com seu modelo ideal vão fazer você sentir que está em um tempo de produtividade com mais frequência.

Gosto de pensar nisso como uma transição de três meses ou poderia ser uma mudança que coincide com outro marco, como um novo ano ou um novo emprego. Comece gradualmente alterando as reuniões que estão sob seu controle. Comece aos poucos a bloquear tempo para trabalho nas horas de baixa energia ou Horas de Energia, mesmo que faltem meses para o primeiro bloco. Atenha-se a esses blocos, comece a ver como você se sente quando usa seu tempo de energia alta/baixa do jeito certo e siga seu fluxo natural. Comece a ver como seu trabalho fica muito melhor quando você o realiza na hora certa ou confere temas aos seus dias para aproveitar ao máximo um tópico.

MEU MODELO DE AGENDA: UM EXEMPLO

	Gestão de pessoas	Orientação	Trabalho com projeto	Tarefas admin.	E-mail e acomp.
	SEG 25	TER 26	QUA 27	QUI 28	SEX 29
8h					
9h / 10h	Inteirar-se dos e-mails, atualizar Lista Principal, checar Lista de Captura, fazer Lista Semanal e Lista Diária da segunda	Horas de Energia	Bloco de reunião	Bloco de reunião	Horas de Energia
11h			Trabalhar em panorama geral de projetos, reunião, trabalho etc.	Baixa energia/ tarefas admin.	Limpar pasta do e-mail
12h / 13h	Bloco de reunião individual com minha equipe				
14h / 15h	Reunião da gerência com os funcionários	Bloco de reunião para sessões de orientação		Bloco de reunião e momento de se atualizar	Bloco de reunião
16h	Baixa energia				Não
17h	Fazer Lista Diária de amanhã	Fazer Lista Diária de amanhã e checar Lista de Captura	Fazer Lista Diária de amanhã	Fazer Lista Diária de amanhã e checar Lista de Captura	
18h					

Assim como é difícil atingir determinado objetivo de receita de vendas se você não estabelece um, é difícil ter uma agenda ideal se você não mapeia uma. Algumas pessoas continuam a alocar suas tarefas de alto impacto em seus momentos de baixa energia, sem saber por que seus resultados não são o que elas querem. Reconhecer esses ritmos é o primeiro passo, mas fazer planejamentos *para* eles é o que muda radicalmente suas semanas. Para realizar a mudança e adotar essa agenda mais ideal, ajuda muito fazer uma revisão do seu tempo e de suas responsabilidades para ver o que está acontecendo nesse momento.

PRÁTICAS DE PRODUTIVIDADE

- Imprima um calendário em branco de uma semana e tente o calendário base zero como uma atividade de brainstorming.
- Esboce o que não pode ser alterado, suas Horas de Energia e suas Horas de Baixa e tempo para organizar e finalizar.
- Tente designar dias ou mesmo metade de um dia para um determinado tema, mesmo que sejam só poucos dias na semana.
- Veja como você pode começar, de maneira realista, a adaptar as realidades da sua agenda atual a esse método. Isso pode se dar aos poucos!

Capítulo

6

REVISÃO DE TEMPO

Uma executiva com quem trabalhei ficou no Google por quase quinze anos — vamos chamá-la de Michelle. Ela desempenhava múltiplas funções e trabalhava em diversas equipes no mundo todo. Michelle procurou minha ajuda para encontrar tempo em sua agenda para uma visão geral e "tempo para pensar".

A primeira coisa que fiz foi organizar uma revisão de tempo com sua equipe de apoio. Listamos todos os compromissos que ela tinha em caráter recorrente e então ordenamos sua agenda pelo tempo médio por semana que ela gastava com essas coisas. Nunca vou me esquecer da reação dela ao ver tudo isso destrinchado. Dava para sentir sua energia mudando de espanto para empolgação à medida que ela esquadrinhava a lista. Sua assistente fazia anotações de maneira alucinada quando ela começou a fazer declarações como: *eu esqueci totalmente que ainda estava convidada para isso! Podemos cortar por completo. Provavelmente posso parar com isso agora. Eu antes estava naquele comitê da minha antiga equipe, mas não é mais relevante. Estou mesmo me reunindo com ele por mais tempo do que com*

96 • PRODUTIVIDADE SAUDÁVEL

meus outros três subordinados juntos? Vamos diminuir nossa reunião de uma hora para meia hora, pensando melhor agora. Essa pessoa não é mais relevante para o meu trabalho, então vamos começar a nos reunir com ela trimestralmente em vez de todo mês. Anos de reuniões, compromissos e verificações acumulados e ultrapassados estavam finalmente sendo colocados em ordem e eliminados, assim como o exercício de arrumar o armário ou um sótão anos depois que os filhos saíram de vez do ninho. De repente, há diversos tipos de espaços abertos, prontos para serem reaproveitados em outras iniciativas.

No capítulo anterior, você criou a configuração de seu calendário ideal e um modelo para sua agenda. Para entender como tirar máximo proveito desse modelo, você precisa dar uma olhada na verdadeira distribuição do seu tempo *agora.* Dá para ter uma ideia geral com base no capítulo "Escolhendo prioridades" e destacando a atividade (por exemplo, quanto tempo você está dedicando às coisas que importam para você?), mas é bem útil obter a informação de modo concreto. É fácil falar: *eu me reúno com essa pessoa quinzenalmente* ou *passo um tempo a cada semana sendo voluntário na escola do meu filho,* mas você sabe quantas horas gasta fazendo essas coisas? Tem ideia de como isso se acumula com outros compromissos e reuniões que você tem? Fica tudo muito vago até que você junte algumas informações e veja todas em um só lugar. Assim como a executiva no exemplo anterior, há uma clareza nova ao ver tudo exposto, e é para isso que serve a revisão de tempo.

Esteja no comando do seu dia, e não à mercê dele.

FORMAS DE REVISAR SEU CALENDÁRIO

A quantidade e a duração das reuniões são grandes preocupações para muita gente no que diz respeito a gerenciar o próprio tempo, mas não é para as reuniões que as pessoas olham quando analisam seu calendário. Aqui estão algumas lentes pelas quais você pode ver e avaliar sua agenda, com base no que é mais importante para você:

- *Foco* versus *colaboração*: quanto do seu tempo você está dedicando a se concentrar em suas atividades *versus* nas atividades com os outros? Está alinhado com o que é apropriado para seu trabalho?
- *Empenhar* versus *arrastar*: que porcentagem de seu calendário é gasta em tarefas para as quais você está sendo *arrastado versus* as coisas em que você está *se empenhando* ou que quer ver prontas?
- *Tempo pessoal* versus *tempo de trabalho, ou Trabalho A* versus *Trabalho B*: o calendário de trabalho está "invadindo" seu tempo pessoal? Ou vice-versa? Especialmente se você for freelancer, trabalha em empregos diferentes aqui e ali ou em horas que fogem do tradicional, é muito útil saber de que modo o tempo está fazendo sentido e se o equilíbrio está do jeito que você quer.
- *Responsabilidades*: você está atolado de compromissos ocultos que não aparecem na sua agenda, mas ainda assim estão sugando seu tempo? Se você tem muitos compromissos, mas nem todos são representados por reuniões, essa é uma boa maneira de listá-los, ver o tanto de tempo que você gasta em cada um deles, comparar um com o outro e verificar o que pode ser eliminado.

- *Reuniões recorrentes:* você está preso em uma rotina enfadonha, ainda comparecendo a reuniões que não têm mais propósito? Para aqueles que podem decidir a quais reuniões comparecer e por quanto tempo, essa é a maneira mais fácil de eliminar coisas que não são essenciais e que ficam à espreita eternamente no seu calendário. Pergunte-se dentro daquela "mentalidade base zero": se eu fosse convidado para essa reunião hoje, eu aceitaria e compareceria toda semana/todo mês? Bem similar à assinatura de um streaming, nos inscrevemos em uma reunião recorrente, mas, até que a cancelemos ativamente, estamos presos a ela para sempre.

Cuidado com a reunião recorrente que permanece no seu calendário, mesmo depois de já ter cumprido seu propósito.

Para lhe dar uma ideia de como coletar essa informação do seu calendário, eis um exemplo da revisão de tempo de uma reunião recorrente (você encontra esse modelo no meu site). Talvez você não tenha tanta autoridade quanto a executiva no exemplo dado em determinar a quais reuniões comparecer regularmente e por quanto tempo, mas é uma boa forma de ilustrar como funciona a revisão de tempo.

1. Comece elaborando uma planilha com todas as reuniões (ou compromissos) a que você comparece regularmente. Talvez seja mais fácil encontrá-las ao buscar palavras como *semanal, quinzenal, mensal* e *trimestral* no seu calendário.

2. Acrescente uma coluna na planilha para indicar quanto *tempo* é gasto de verdade nessa reunião ou compromisso mensalmente. É óbvio que uma reunião semanal de duas horas é muito diferente de uma reunião semanal de meia hora em termos de tempo total gasto ou tempo médio por semana. Embora ambos estejam listados como "semanais", indexá-los ao tempo total ou às médias semanais pode ajudar a ver onde você está gastando o tempo.

3. Escolha um período (gosto de fazer trimestralmente, mas anualmente também funciona) e calcule a quantidade total de tempo gasto naquela reunião ou compromisso nesse período.

4. Ordene a coluna com o tempo total para ver onde você está gastando mais tempo e como fica a ordem da lista de atividades.

5. Analise a lista em ordem decrescente do total de minutos, do mais alto por trimestre para o mais baixo, e sugira mudanças para aliviar sua agenda.

	A	B	C	D	E	F	G
1	Pessoa	Frequência estimada	Tempo/ reunião	Nº de reuniões/ trimestre	Nº de horas/ trimestre	Média min./ semana	Verificar pós-alteração: manter ou reverter?
2	Reunião com líderes	Semanal	120	13	1.560	120	Manter
3	Gaurik 1-1	A cada 21 dias	25	39	975	75	Manter
4	Comitê diretor	Semanal	60	13	780	60	Ir se a pauta for relevante
5	Naomi 1-1	Semanal	60	13	780	60	Reduzir para 30 min.
6	Malik 1-1	Duas vezes na semana	25	26	650	50	Mudar p/ uma vez por semana
7	Check-in América Latina	Semanal	45	13	585	45	Manter
8	Revisão de produto	Semanal	45	13	585	45	Cancelar se não houver pré-leitura
9	GAPP+Velocidade	Quinzenal	60	7	420	32	Reduzir para 45 min.

Ver seu calendário destrinchado desse jeito pode ser esclarecedor e fortalecedor. Leva, em média, de vinte a trinta minutos para concluir esse exercício, mas vai poupar *pelo menos* esse tanto de tempo a longo prazo, quando você começar a fazer pequenas mudanças.

Meses depois do encontro com Michele, tivemos uma sessão de acompanhamento. Ela estava reluzente. Ao alterar a frequência de reuniões aqui e ali, reduzindo quinze minutos de outras e cortando por completo algumas que não eram mais importantes, liberamos aproximadamente três horas de seu tempo por semana. Isso é muito, já que ela veio até mim precisando desesperadamente de cada minuto de sua agenda. O importante é que cortamos coisas que pareciam *naturais e óbvias* de cortar. Foi ela que olhou para essa lista e tomou a decisão com base no total de tempo gasto. Eu só dei a ela a informação e o meio para fazer isso. Agora ela tem três horas a mais na semana para pensar no tempo e ter visão, o que significa quase 150 horas a mais no ano só de executar esse único exercício de trinta minutos.

REVEJA SUAS MUDANÇAS

Às vezes, quando sugiro algo assim, as pessoas hesitam em tomar uma atitude. *E se eu transformar a reunião semanal com John em uma mensal e parecer que não estamos nos encontrando com frequência suficiente?* Assim como falamos quando abordamos a questão de dizer não, vista no Capítulo 3, tenha em mente que essas mudanças em sua agenda não precisam ser permanentes — faça um período de experiência de três meses. Se você saiu de determinado comitê, mas sente muita falta do voluntariado, retorne a ele. Se você e John estão trocando e-mails demais porque não se reúnem com frequência suficiente, encontrem-se quinzenalmente. Se você não testar as hipóteses, nunca vai saber a medida certa da recorrência de uma reunião.

Você pode fazer as mudanças aos poucos ao longo do tempo, mas o que escuto de muitas pessoas é que uma mudança drástica é, na verdade, mais fácil. Se você tem um ponto de partida natural, como o começo de um ano, de um trimestre, do ano escolar, um novo emprego ou uma nova equipe, é um bom momento para executar esse tipo de renovação. Muitos executivos me disseram que enviam um e-mail avisando: *estou fazendo algumas mudanças na minha agenda!* Ou: *a partir de janeiro, vou começar a testar reuniões quinzenais em vez de mensais!* Parece funcionar melhor do que fazer mudanças em segredo ou na surdina, coisa que os outros podem levar para o lado pessoal. Assuma a mentalidade *novo você, nova agenda, dono do meu próprio tempo* e comunique isso! Pode acabar motivando outra pessoa a fazer o mesmo.

OLHAR PARA TRÁS, OLHAR PARA A FRENTE

Se uma revisão completa do tempo parecer demais, um exercício mais simples que uso com muitos clientes é a reflexão semanal *Olhar para trás, olhar para a frente*. Ela se baseia no princípio de que, às vezes, "avançamos" ao longo de nossa semana e não paramos para refletir, de verdade, a respeito do que caracterizou ou não um bom uso de nosso tempo. Passar alguns minutos fazendo essa "checagem de pulso" a cada semana ajuda quando precisamos nos planejar para as próximas. Se você trabalha com um profissional administrativo ou alguém que cuide de sua agenda, fazer esse exercício juntos pode ser especialmente importante para que a pessoa auxilie na priorização de seu calendário com base em suas respostas a essas perguntas. Quanto mais você faz isso com essa pessoa, mais ela pode antecipar em que momento você encontra valor ao dedicar seu tempo. Algumas perguntas para se fazer em uma verificação "Olhar para trás, olhar para a frente" podem ser (gosto de fazer a minha domingo à noite, quando estou preparando minha Lista Semanal):

OLHAR PARA TRÁS

- Quais reuniões/atividades se mostraram um ótimo uso de tempo na semana passada e por quê?
- Quais reuniões/atividades não se mostraram um ótimo uso de tempo na semana passada e por quê?
- Houve algo (reunião/atividade) em que eu queria ter passado mais tempo na semana passada?
- Houve alguma reunião/atividade que foi remarcada três ou mais vezes? Se sim, precisa mesmo acontecer?
- Houve alguma reunião/atividade na minha agenda da qual eu tenha itens de acompanhamento que ainda não aloquei em algum espaço da minha Lista-funil?

OLHAR PARA A FRENTE

- Há algo em minha agenda para a próxima semana que pode não ser um excelente uso do meu tempo e há alguma maneira de mudar isso?
- Há algum momento na minha agenda da próxima semana em que meu Eu do Futuro pode estar com a energia em baixa ou iria querer que eu tivesse uma pausa agendada?
- Há alguma reunião/atividade na minha agenda à qual eu não vá acrescentar nem da qual vá tirar valor?

Refletir a respeito de sua agenda com essas simples perguntas pode ajudar a reforçar o que *é* um bom uso do seu tempo e o que *não é*. Quanto mais realiza esse exercício, mais você se torna consciente, semana após semana, de como usar melhor seu tempo.

REVISÃO DE TEMPO REGULAR

Não é necessário esperar por uma revisão completa de seu calendário para ter noção de como você gasta seu tempo. Dá para utilizar essa mentalidade para qualquer reunião que surja ou até mesmo qualquer compromisso novo. Por exemplo, amo ler e estou em dois clubes do livro que fazem encontros mensais. Quando me mudei para um novo bairro, minha vizinha perguntou se eu queria entrar para o clube do livro do bairro. Meu primeiro instinto foi: *claro! Amo ler!* Mas, então, fiz uma rápida revisão de tempo e descobri que, se eu fosse ler três livros por mês, com 350 páginas mais ou menos cada um, com uma velocidade média de leitura de cinquenta páginas por hora, eu acabaria com sete horas de leitura por semana (a mesma análise pode ser aplicada no que diz respeito ao tempo dos audiolivros). Antes de entrar para o novo clube, eu precisava me perguntar seriamente se conseguiria incluir algumas horas a mais na semana para terminar mais um livro todo mês (embora eu seja famosa por convencer meus diferentes clubes do livro a lerem o mesmo livro ao mesmo tempo!).

Da mesma forma, se você não tem muitos compromissos ou reuniões recorrentes e só quer ter uma visão rápida e simples de como está gastando seu tempo, escolha um período, como um ano ou um trimestre, e crie um gráfico de setores das suas três principais prioridades, ou de suas principais atividades, e quanto tempo está gastando em cada uma delas. Se você é um profissional administrativo que está gerenciando o calendário de outra pessoa, esse pode ser um dado poderoso para compartilhar com ela e ajudá-la a tomar decisões referentes à agenda no futuro. Alguns programas, como o Google Agenda, incluem insights automáticos a respeito de seu tempo, que pode até ser dividido pelas cores que você designou para os eventos. Quando você está analisando seu tempo, qualquer informação é boa — é de grande ajuda ver onde você está agora e reparar nas mudanças ao começar a gastar mais ou menos tempo em algo.

Sundar Pichai, CEO da Alphabet, faz uma revisão de seu tempo a cada poucos meses. Ele tem clareza das áreas da empresa às quais quer dedicar uma porcentagem de seu tempo e olha para sua agenda para ver se fez isso. Quaisquer desvios que surjam permitem que ele pare e pense: *o que posso fazer estruturalmente para garantir que vou voltar a dedicar meu tempo ao que quero?* Fazer isso a cada poucos meses garante que ele nunca esteja muito longe de como seu tempo deve ser utilizado.

Pense em uma revisão de tempo como o ato de vasculhar seu armário. É muito revigorante se livrar de coisas que não cabem mais, que estão fora de estilo ou que você nunca usou, e fazer isso ajuda a suspender o *efeito dotação* de manter as roupas só porque elas *já* são nossas. Mais tarde, você vai poder *ver com clareza* as roupas que ama e se concentrar nelas. Da mesma forma, após uma revisão de tempo, você tem espaço para começar a conciliar o modelo de agenda ideal do Capítulo 5 com sua agenda atual. Ao manter a mentalidade base zero ("Se eu fosse a uma loja hoje, eu compraria essa camisa?"), você pode perguntar à sua agenda: *Eu realmente acrescentaria uma hora de reunião semanal com essa pessoa, a começar de hoje? Se eu recebesse um e-mail me convidando para fazer parte do comitê do voluntariado hoje, eu entraria?*

Feita através de qualquer uma das lentes sugeridas acima — ou uma criada para suas próprias necessidades —, a revisão de tempo é uma ferramenta inestimável para se livrar de coisas que tomam mais do seu tempo do que deveriam. Mesmo com tempo e empenho administrados tão bem assim, às vezes, simplesmente não fazemos as coisas no tempo que reservamos para elas. Às vezes, protelamos algo e, quando ele torna a surgir, protelamos outra vez. A procrastinação é algo a que todos sucumbimos de vez em quando. A seguir, vamos discutir maneiras fáceis de superar esse mau hábito e formas preventivas de impedir que isso aconteça.

PRÁTICAS DE PRODUTIVIDADE

- Escolha uma lente para olhar para sua agenda com a mentalidade de revisão de tempo.
- Gaste meia hora ou menos revisando seu tempo e olhando para detalhes como tempo total gasto ou tempo médio semanal.
- Sugira e faça mudanças de acordo com os resultados, mesmo os mais ínfimos.
- Faça a verificação novamente após um período e pergunte-se: *foi a decisão certa?* Faça mudanças de acordo com isso.

Capítulo
7

PROCRASTINAÇÃO E COMO SUPERÁ-LA

Mesmo nos planos mais bem elaborados, às vezes acrescentamos a mesma coisa várias e várias vezes em nossas listas, e segue sendo algo que não acontece. Todos nós já vimos aquele item protelado que fica se arrastando dia após dia ou semana após semana. Vamos dizer, por exemplo, que você queira construir um novo módulo de treinamento para ensinar aos outros algo que domina. Você vai adiando esse compromisso em suas Listas Diária e Semanal e bloqueia tempo para isso, mas, por qualquer motivo, ele não é realizado. Parece familiar? Dê um desconto a si mesmo. Acontece com todo mundo. Eis aqui algumas táticas e estratégias para evitar a procrastinação.

HUMOR DO EU DO FUTURO

Como vimos no Capítulo 4, nem todas as horas são iguais. Se você destina todo dia o horário entre 14h30 e 15 horas para elaborar um novo treinamento, mas essa acaba sendo sua hora do dia com energia mais em baixa, você está se determinando a não fazer isso ou a fazer um trabalho que não será ótimo. Se você se senta para realizar uma tarefa e tem a sensação de que está em um barco remando contra a correnteza, então não é a hora certa. Dê uma olhada nos itens que persistem em suas listas e pergunte-se: *quando se dá meu tempo ou humor* ideal *para fazer isso? Será que é durante minhas Horas de Energia? Será que é quando estou agendando blocos de tempo?* Permita-se *não* fazer algo, aprender com isso e anotar padrões. Toda vez que eu fazia planos para algo que demandasse muita energia depois que meus filhos dormiam, nunca queria ir em frente, porque não estava a fim. Eu simplesmente não tinha pontos de energia suficientes no fim da noite para fazer algo difícil para meu cérebro. Agora já aprendi e não agendo mais coisas nesse período, além de garantir tempo para elas em outros momentos do meu dia. Aprenda a delegar para um Eu do Futuro que vai ficar empolgado em realizar essa tarefa.

A melhor maneira de se antecipar à procrastinação é garantir que você está reservando o trabalho certo para a hora certa.

AJUSTANDO-SE A SEUS TEMAS DIÁRIOS

Como abordamos no Capítulo 3, é bom ter temas diários. Com eles, seu cérebro se acostuma a verificar determinadas coisas em determinados momentos, e isso deixa menos espaço para a divagação *no que eu deveria trabalhar hoje?* Ter um dia temático ou mais garante que você verifique essas coisas ao menos uma vez na semana, além de trazer a mentalidade ideal para realizar diversas coisas referentes ao mesmo tópico. Se você quer elaborar um novo treinamento, tente alocá-lo em um dia que pareça ter a ver com o tema. Se está tentando encaixar isso no dia de *Tarefas administrativas* ou de *Fazer ligações de captação de clientes*, é provável que seja mais difícil realizar essa tarefa. Talvez você tenha um dia cujo tema gire em torno do que quer que esteja criando para esse treinamento, e, depois de algumas reuniões referentes ao tópico e de responder a alguns e-mails também referentes ao tópico, você se sinta mais preparado para dar continuidade ao treinamento.

O *PORQUÊ* DA PROCRASTINAÇÃO

Para descobrir por que você está adiando algo, precisamos primeiro descobrir exatamente o que há nessa tarefa que faz com que você a evite. As respostas podem variar: *Parece complexo demais. Não sei por onde começar. Preciso de outras informações para dar início. Sei que vai levar um bom tempo.* No exemplo do treinamento, talvez seja porque você nunca elaborou um desses antes. Timothy A. Pychyl, autor de *Solving the Procrastination Puzzle: A Concise Guide to Strategies for Change*,[1] diz que há sete atributos de uma tarefa que nos deixam mais propensos a procrastiná-las.[2]

1. É entediante.
2. É frustrante.
3. É difícil.
4. É imprecisa.
5. Não tem estrutura.
6. Falta recompensa intrínseca (não é divertida).
7. Não é relevante.

Quanto mais desses atributos uma tarefa tiver, mais propensos a resistir mentalmente e evitá-la ficamos. Identificar *qual* deles uma tarefa tem ajuda você a decidir como ir em frente da melhor maneira. Vejamos alguns exemplos na tabela a seguir.

Descobrir o que exatamente *tem* nessa tarefa que está fazendo você procrastinar pode reestruturar o desafio. E as tarefas, sem dúvida, podem ter mais de um desses atributos. Se ter que fazer a declaração de imposto de renda é entediante, frustrante *e* nem um pouco relevante para você, então veja TV enquanto organiza os documentos necessários, contrate um contador *e* planeje o que fazer com sua restituição para se animar com isso. Fazer essas três alterações pode lhe dar uma sensação totalmente diferente em relação ao projeto.

TAREFA	ATRIBUTO DE PROCRASTINAÇÃO	COMO INVERTER
Despesas mensais	Entediante	Ver um programa na TV enquanto faz isso.
Impostos	Frustrante	Falar com um contador.
Escrever um livro	Difícil	Pesquisar os primeiros passos como uma tarefa em si.
Preparar a equipe para o próximo ano	Impreciso	Escrever quais seriam os três resultados logo de cara e concentrar-se em um para começar.
Deixar o jardim mais bonito	Sem estrutura	Buscar imagens de um jardim de que você gosta e descobrir o motivo → implementar isso.
Aprender a tocar piano	Falta de recompensa intrínseca	Primeiro aprender sua música favorita por algum vídeo para atiçar seu entusiasmo.
Enviar despesas do plano de saúde para receber reembolso	Sem relevância	Planejar algo divertido para fazer com o dinheiro da restituição quando recebê-lo.

CINCO TÁTICAS PARA SUPERAR A PROCRASTINAÇÃO COM RAPIDEZ

Por mais que explorar o *porquê* da procrastinação seja essencial para subjugá-la em prol do que importa, talvez nem sempre haja tempo para determinar o motivo de cada coisa que você se vê protelando. Às vezes, a razão para isso é apenas a boa e velha fuga! Aqui estão algumas dicas para superar a procrastinação tão logo ela apareça.

1. **Queijo suíço, para começar.** Às vezes, o que parece avassalador é o *tamanho* da tarefa, e a parte mais difícil é superar a barreira inicial. Se meu objetivo é correr todo dia, isso pode parecer *imenso* caso a tarefa seja acordar às 6 horas da manhã e correr 5 quilômetros. Então, penso em abrir buracos na tarefa, ou "transformá-la em um queijo suíço", até que ela fique cada vez menor. A ideia é encontrar algo pequeno o bastante que dê a sensação de exigir menos pontos de energia para começar, algo com que seu cérebro fique confortável.
   - Correr 3 quilômetros amanhã de manhã? *Ainda parece intimidante.*
   - Correr 1,5 quilômetro? *Hum, ainda não parece muito animador.*
   - Acordar às 6 horas da manhã para uma caminhada? *Ainda prefiro dormir.*
   - Acordar amanhã e calçar o tênis? *Só isso? Claro, isso eu faço!*

   Ao reduzir a tarefa para algo que meu cérebro receba bem, eu diminuí a carga mental de dar o primeiro passo. É bem provável que, se eu colocar o alarme para despertar, acordar, me vestir e calçar o tênis, *não* vou voltar para a cama já pronta para sair. Talvez eu até diga: *tudo bem, vou dar uma caminhada, já coloquei mesmo o tênis.* Uma vez que eu esteja caminhando, pode ser que trote e, uma vez que já estou trotando, talvez eu até corra 2 quilômetros. Mas, se eu tivesse partido dos 5 quilômetros como tarefa, eu nunca teria saído da cama.

No meu exemplo de como elaborar um programa de treinamento, pode ser que fique assim: *elaborar um novo treinamento → apenas abrir um documento e fazer o slide do título.* Fazer o slide do título é divertido. É só um slide! Pensar em ideias para o título é uma tarefa criativa e interessante. Uma vez que ele estiver aberto, posso até começar a esboçar alguns slides.

Na sua Lista Diária ou Semanal, a ideia é escrever sua ação de uma maneira que desperte sua empolgação, senão você vai apenas ficar encarando o papel. Perceba a diferença de escrever *Fazer um slide estiloso do título do novo treinamento!* versus *Novo treinamento.* A primeira tarefa é viável e algo que sei que o Eu do Futuro vai se animar de fazer; a segunda parece intimidante.

2. **Aja como seu próprio assistente.** Como mencionado anteriormente, começar é a parte mais difícil de algumas tarefas grandes. Uma forma de deixar seu cérebro confortável em executar essas coisas é separar a *preparação de realizar algo* do *ato de realizá-lo* e delegar a primeira ao seu *eu assistente*, o que ajuda a quebrar a barreira da procrastinação.

   Por exemplo, eu queria pintar uma jardineira de madeira que fica no centro da mesa do meu solário. Era de madeira sem tratamento, e eu queria que fosse branca. Passava por ela de três a quatro vezes por dia — toda vez que saía. Era algo que eu tinha intenção de fazer, e isso me incomodava. Por que não fazia de uma vez? Por fim, um dia, quando fui para meu solário com uma xícara de café, pensei: *se eu fosse assistente de alguém e quisesse que meu chefe desse conta disso amanhã, o que eu faria para incentivá-lo com gentileza e facilitar a vida dele?* Então, fui até a garagem, peguei tinta, pincel e toalha, e dispus tudo ao lado da jardineira. E foi isso. Depois entrei. Mas, pode acreditar, no dia seguinte, quando fui lá para fora, pensei: *oras, a tinta já está bem aqui, é melhor pintar logo.* E funcionou perfeitamente!

No exemplo do treinamento, eu poderia ir lá, abrir o conjunto de slides, deixar algumas abas abertas com uma arte relevante e divertida, encontrar um exemplo de rascunho de treinamento similar e então desligar o computador. Na manhã seguinte, teria a estrada já pavimentada para começar aquele treinamento sem dificuldade! Emprego essa estratégia — canalizar meu eu assistente — em todos os tipos de tarefas no trabalho e em casa. Se quero fazer bolinhos de manhã, deixo forma e alguns ingredientes na bancada da cozinha antes de ir para a cama. Deixe de lado a ideia de *fazer algo de fato*, que nos mantém empacados. Em vez disso, utilize seu *eu assistente* para armar as circunstâncias ideais sob as quais seu eu chefe (também conhecido como Você do Futuro) pode seguir com a tarefa.

3. **Pare no meio.** Quando você está trabalhando em uma tarefa maior e contínua que não pode ser concluída de uma vez só, em geral, parece certo encontrar um ponto de parada natural — como o fim de um e-mail ou o fim de uma seção

de projeto. Você se afasta nesse ponto e o deixa de lado até a vez seguinte em que trabalhar nele, quando começa uma nova seção. Por ironia, isso constitui *mais um* ponto de partida que seu cérebro precisa superar. É como se você estivesse começando tudo de novo em uma tarefa imensa. Como alternativa, parar no *meio* de algo torna mais fácil retomar o que você estava fazendo e recomeçar, porque você já sabia o que fazer a seguir.

Por exemplo, durante meus blocos de escrita para este livro, tentei nunca parar no fim de um capítulo, porque, para o bloco seguinte, eu teria que começar em uma página em branco um capítulo novinho em folha. Em vez disso, eu sempre parava no meio de um capítulo ou *pelo menos* começava uma nova página com um título e esboços de anotações para o próximo capítulo, de forma a facilitar a retomada e o ritmo do fluxo. Se você está trabalhando em grandes projetos com diversas etapas, tente parar em um ponto em que seu cérebro já saiba qual a próxima coisa a ser feita. Talvez começar o rascunho do próximo e-mail a alguém, mesmo que não tenha tempo de finalizar e enviar, para que, quando for retomar, você comece de onde parou e volte ao fluxo de escrita do e-mail. Similar ao benefício de enviar a programação de uma reunião ou criar uma Lista Diária na noite anterior, você pode ruminar a respeito do que quer que esteja fazendo enquanto está fora, e talvez até surja uma nova ideia ou acréscimo em que não tinha pensado antes.

4. **Defina um tempo.** Parte de se convencer a realizar uma tarefa que precisa ser feita é brigar com a ilusão do tempo

real que leva para fazê-la. Você já acrescentou algo a uma lista de afazeres, semana após semana, apenas para perceber que a tarefa levou tão pouco tempo que você poderia ter *poupado* tempo só de eliminá-la *versus* o tanto de tempo que você passa escrevendo-a repetidamente? É um dos motivos por que sugiro "tarefas pequenas" na minha Lista Diária: isso obriga o cérebro a identificar e concluir tarefas (aquelas que levam cinco ou dez minutos), em vez de se esquivar delas. Na sua Lista Diária, ou em qualquer lista de afazeres, você também pode escrever o tempo estimado que algo deve levar. Por exemplo.

- Fazer rascunho de post para o site de busca de colegas de apartamento — 7 minutos.
- Concluir treinamento de vendas — 22 minutos.
- Ler um artigo do mercado do dia anterior — 9 minutos.

Designar uma duração específica torna menos provável que você a evite caso descubra que tem esse tempo disponível. Se você tem meia hora livre, mas não quer mesmo fazer o treinamento de vendas, fica mais difícil se convencer do contrário, porque você *sabe* que, na verdade, é viável fazer nesse período. Grande parte da produtividade é ser bom em estimar quanto tempo algo vai levar, porque isso ajuda você a alocar tarefas com mais eficiência. Se você não tem muito talento para isso, comece a fazer um inventário consciente da duração que determinada coisa leva para ser feita a fim de refinar sua habilidade de planejá-la.

Uma boa ferramenta para ajudar a perceber, quantificar e controlar seu tempo é determinar com precisão quanto tempo leva para desempenhar determinada tarefa que você costuma realizar (de preferência, uma que você tema) e usar essa duração como unidade de comparação. Duas das tarefas domésticas de que menos gosto são esvaziar a lava-louças e varrer a cozinha. Toda vez que preciso realizá-las, sinto que estou sempre temendo ou evitando ambas, ou ficando com aquela sensação de *argggh*, de remar contra a corrente. Então, um dia, acionei o cronômetro enquanto esvaziava a lava-louças. Levei quatro minutos. *Quatro minutos.* Foi isso. Provavelmente passei mais do que quatro minutos pensando em como eu não queria fazer aquilo. Com esse novo conhecimento, mudei minha rotina matinal. Agora desço quatro minutos mais cedo do que antes. Começo o dia esvaziando a lava-louças, o que acrescenta apenas quatro minutos à minha rotina matinal, e superei por completo o estresse de ficar quantificando isso. Depois de uma alteração de mentalidade tão bem-sucedida, decidi cronometrar o tempo que levo para varrer o chão do andar de baixo. Oito minutos. Só. Agora, tento encontrar lacunas de oito minutos ao longo da semana para essa tarefa. Minha massa favorita cozinha durante oito minutos — um ótimo momento para varrer o chão. Meu marido diz que estará pronto para sair de casa em cinco minutos — o que, todos sabemos, vai levar dez —, um ótimo momento para varrer o chão. Agora virou um jogo. Duas tarefas que eu temia e evitava por completo foram renovadas porque quantifiquei o tempo que levo para fazê-las.

5. **Marque uma reunião para se manter responsável.** Em geral, somos mais responsáveis com os outros do que conosco.

É por isso que muita gente procura uma companhia para se exercitar ou entra em um clube do livro para ler mais. Se estabelecermos um prazo arbitrário que só nós sabemos, é mais provável que o estouremos do que se houver alguém dependendo de nós. Se você marcar uma reunião referente ao prazo autoimposto e dessa forma envolver mais alguém no processo, é possível usar a pressão social para realizar a tarefa. Por exemplo: se estou na esperança de elaborar aquele novo treinamento que já mencionei, *antes* mesmo de começar, vou agendar o convite para uma reunião com alguém no momento em que quero que a tarefa esteja concluída. *"Oi, Dominic, estou marcando esse período de meia hora daqui a um mês para receber seu feedback a respeito do meu novo treinamento! Mando para você avaliar dois dias antes!"* Já comecei o treinamento? Não. Mas, pode acreditar, agora que essa reunião está agendada e que Dominic aceitou e está ansioso por ela, vou ficar *muito* mais propensa a terminá-lo a tempo e enviar para ele. Isso deixa tudo mais *palpável*. Em especial, quando a tarefa é algo em que você está trabalhando por conta própria, encontre um motivo para agendar uma reunião ou uma avaliação ou prometa a alguém que vai enviá-la. É uma das melhores formas de garantir que você vai realizar a tarefa.

Além das técnicas de automotivação delineadas neste capítulo, aprendemos que determinar o *porquê* de protelar uma tarefa é crucial para superar a procrastinação. Mas tão importante quanto o *porquê* nessa equação é *quando* o trabalho está (ou, mais precisamente, não está) em andamento. É de grande ajuda forçar a realização de algumas tarefas persistentes com essas técnicas para evitar a procrastinação, mas é igualmente importante priorizar o tempo de ócio e entender por que fazer nada, às vezes, resulta em fazer mais a longo prazo.

PRÁTICAS DE PRODUTIVIDADE

- Encontre uma tarefa que você vem adiando — pergunte-se dentro de qual tema diário e em que horário seria *melhor* fazer isso e agende para trabalhar na tarefa nesse período.
- Descubra em qual dos sete atributos da procrastinação ela se encaixa e tente inverter a situação.
- Faça o queijo suíço na tarefa até reduzi-la ao menor tamanho possível e anote-a como um item da sua lista de afazeres, incluindo o tempo estimado para concluí-la.
- Empregue-se como assistente do Você do Futuro e disponha todas as peças para que a tarefa seja realizada.
- Marque uma reunião com alguém antes mesmo de começar uma tarefa por conta própria, a fim de avaliar e se manter responsável.
- Encontre uma tarefa repetitiva de que você não gosta e cronometre o tempo que leva para fazê-la. Use esse conhecimento a fim de parar de evitá-la e encaixá-la no seu dia.

Capítulo

8

COMO O TEMPO DE ÓCIO ALIMENTA O TEMPO DE PRODUTIVIDADE

Nos *5 Cs da Produtividade* discutidos na introdução, o começo de um novo ciclo ou ideia começa na *Calma*. Quando você está calmo e deixa seu cérebro descansar, isso leva a novas ideias. Vamos chamar esses momentos de calmaria de *tempo de ócio*. Esse tempo é a decisão intencional de não fazer nada, de descansar ou fazer algo que deixe seu cérebro relaxado — e é *muito* importante para sua produtividade no geral.

> Para conquistar o tempo de produtividade,
> você precisa priorizar o tempo de ócio.

Quando falo com grandes grupos a respeito de produtividade, peço que fechem os olhos e pensem nos dois lugares onde têm as melhores ideias. Depois, peço que as anotem. Então, peço que ergam a mão se na lista deles aparecer um desses locais:

- No banho? (Cerca de metade do grupo.)

- No transporte público/dirigindo? (Entre um terço e metade do grupo.)
- Fazendo algo totalmente desconectado do trabalho, como cozinhar, ou ver os filhos brincando, ou malhando, ou passeando com o cachorro? (Quase metade do grupo.)
- Na sua décima reunião seguida do dia? (Som de grilos... nenhuma mão no ar.)
- Enfiado nos e-mails? (Mais grilos...)

Esse exercício mostra como os momentos de calmaria, de ócio, de tempo para *si* são alguns dos mais importantes para a produtividade. Costumávamos pensar no tempo de ócio como a oposição ao tempo de produtividade, mas agora sabemos que ambos são indispensáveis para o desempenho geral e o bem-estar. É imprescindível que você tenha ambos na sua agenda. Esses momentos de calmaria do tempo de ócio são o que levam ao *C* seguinte dos *5 Cs: Criação*. Um adendo: as respostas para esse exercício também mostram a importância de ter uma lista de *Captura* facilmente acessível, como discutimos no Capítulo 3 — uma lista que esteja disponível durante o banho (ativada por voz em aparelhos de casa) ou no momento em que estiver cozinhando ou passeando com o cachorro. Se você não capturar o ciclo criado nos momentos de calmaria, é quase impossível garantir que ele seja concluído ou executado.

O QUE EXATAMENTE É CRIATIVIDADE?

Criatividade pode significar muitas coisas, mas, no local de trabalho, geralmente, trata-se de construir uma ponte. É pensar ao mesmo tempo em duas (ou mais) ideias que, até então, você ainda não tinha conectado. E é quase impossível ter seu cérebro ativo em funcionamento (aquele que propulsiona sua lista, encerrando ciclos) ao mesmo tempo que seu cérebro comedido e reflexivo (aquele que pensa em novas ideias criativas, abrindo ciclos). É como se fossem duas pessoas usando walkie-talkies: se é para ter uma conversa, não podem as duas falarem ao mesmo tempo. Uma precisa parar de falar para que a outra seja ouvida. Você precisa parar com as reuniões ao longo do dia, ou parar de trabalhar naquele projeto grande, ou parar de olhar o e-mail, para conseguir gerar e prestar atenção às ideias que vão solucionar determinado problema para você. Tem uma diferença entre pensar *sobre* algo e pensar *em* algo. E *você* precisa criar espaço para que isso aconteça.

O espaço na sua agenda se traduz no espaço em sua cabeça. Você precisa priorizar um para conquistar o outro.

Ninguém jamais vai olhar para sua agenda e pensar: *sabe, parece que ela devia ter mais tempo pensando/tendo ideias. Não vou marcar essa reunião porque ela utilizaria melhor o tempo de ócio gerando ideias do que se reunindo comigo.* Ou: *aposto que ela prefere fazer uma caminhada à tarde, então não vou marcar essa reunião com ela depois do almoço!* Isso simplesmente não vai acontecer. Você precisa arrumar tempo para si. E qual é a melhor maneira de criar mais tempo livre no calendário? Apenas criando.

JUSTIFICANDO O TEMPO DE ÓCIO

Como mencionei na introdução, a produtividade costuma ser medida por números de resultados e caixas marcadas. Quanto fizemos em determinado dia? Quanto cortamos de nossa lista? Quantos *itens* foram concluídos ou quantas *reuniões* tivemos? Assim como *ocupado* nem sempre significa *importante*, tampouco significa *produtivo*.

Se você é gerente ou líder de uma equipe, incentivo você a ampliar seu escopo ao olhar para o resultado de seus funcionários. O que eles produzem em um dia não é necessariamente o único indicador, nem mesmo um bom indicador, da geração e execução de ideias. Se você está pedindo a um funcionário da área de vendas que faça determinado número de ligações por semana — ocupando a maior parte do tempo dele —, será que ele tem algum momento de quietude para refletir, repensar e criar uma nova maneira de ser bem-sucedido nessas ligações ou desenvolver novas estratégias para seus clientes? Ter uma cota de vendas mensal (em vez de semanal) pode incentivar mais esse tipo de criatividade, deixando que os vendedores decidam como e quando vão fazer essas ligações. Veja resultados por trimestre, não por dia. O período entre janeiro e março pode ser o novo das 9 às 17 horas. Da mesma forma, quando os funcionários tiram férias ao longo do ano e se desconectam — e depois voltam revigorados e renovados —, isso os torna melhores no nível *macro* do ano em questão (ainda que eles não trabalhem absolutamente nada durante esses dias de férias). Ter um afastamento cria uma recarga de pontos de energia para serem gastos no trabalho e na vida.

O tempo de ócio não precisa parecer como *horas* bloqueadas na sua agenda ou longos períodos sabáticos. Você não precisa marcar três horas para se sentar em silêncio ou passar seis meses fora. Em vez disso, estruture pequenos momentos de tempo de ócio intencional, como um ou dois dias de férias, até mesmo uma pausa de apenas vinte minutos ao longo do dia. Fazer isso o torna apto a processar a informação assimilada e permite que seus pensamentos se juntem. Um banho costuma durar menos de dez minutos e ainda assim segue sendo citado como um dos principais lugares para geração de ideias. O tempo de ócio pode ser a pausa para o almoço *sem* computador nem telefone ou uma caminhada após o trabalho para desopilar. Até mesmo se exercitar pela manhã antes de ir para o escritório é válido.

O SILÊNCIO VALE OURO

Alguns desses momentos de tempo de ócio podem ser com outras pessoas (como um almoço com os colegas), mas, em geral, a chave para seu melhor pensamento criativo é estar *só* e *em silêncio*. Você pode fazer uma tarefa que não requer a parte ativa do seu cérebro (tricotar, caminhar, lavar a louça, tomar banho), o que o deixa com tempo para que seu cérebro devaneie. Quando meu primeiro filho nasceu, eu li *O bebê Montessori: guia para criar bebês com amor, respeito e compreensão*, de Simone Davies e Junnifa Uzodike,[1] que sugere que bebês deveriam ter pelo menos uma hora de silêncio acordados durante o dia para processar todas as novas sensações e coisas que estão vivenciando. Tendo a pensar que esse princípio também deveria se estender aos adultos. Preenchemos muito do nosso tempo de ócio com ruídos: podcasts, audiolivros, redes sociais no celular, notícias. Tudo isso, sem dúvida, tem seu lugar, mas, quando acumulamos tudo sem fazer pausas, acaba sendo bastante ruído junto. Muitos sempre encontram um estímulo que mantém seu cérebro no modo atividade/absorção, sem dar a ele tempo para que esses novos estímulos sejam assimilados no modo passividade/geração de ideia. *Deixe seu cérebro ficar entediado.* É a melhor coisa que você pode fazer pela própria criatividade (e saúde mental). A regra número 2 (de quatro regras) de Cal Newport em *Trabalho focado: como ter sucesso em um mundo distraído* é Aceite o Tédio. Muitas pesquisas,[2] incluindo os resultados de um estudo duplo-cego publicado em 2014,[3] sugerem que atividades entediantes levam ao aumento da criatividade. Às vezes, há mais valor em trinta minutos de silêncio do que em ouvir mais um podcast.

> Você deve ter ao menos uma hora de silêncio acordado ao longo do dia. Até mesmo quinze minutos aqui e ali contam.

TENHA OUSADIA

Gosto de pensar no tempo de ócio como café coado. Sempre é possível ir até um cafeteria local e pegar uma bebida pré-pronta e já à mão, que é a opção mais rápida. O café é bom e dá conta do recado. No entanto, também há a opção de pedir e esperar por um café coado. Ainda que leve alguns minutos a mais para que a água penetre pelo pó, o gosto é delicioso, pleno e ousado, e vale completamente o tempo a mais de espera. Esse café é como sua geração de ideias, visão e criatividade. Não opte pelo modo expresso de ter uma infinidade de reuniões e engolir a bebida pré-pronta todos os dias. Insira um tempo de ócio na sua agenda e aguarde a elaboração plena, ousada e robusta de ideias. Vale a pena.

Pensar em produtividade é como um elástico. Você precisa ir para trás a fim de avançar mais rápido. Não dá para seguir em frente em alta velocidade o tempo todo. Todos temos agendas que variam de semana para semana, com algumas de mais descanso ou tempo de ócio e outras mais intensas. Gosto de chamar esse trabalho intervalado de fluxo e refluxo, que parecem semanas alternativas de finalizar e abrir ciclos. É um ciclo em que as semanas de baixa são as que proporcionam ideias, energia e descanso para a grande semana que vem pela frente. Se você tiver uma semana um pouco mais leve, aproveite!

O processo de identificar, preservar e aprimorar a qualidade do seu tempo de ócio é crucial para manter a criatividade que alimenta seu trabalho e sua produtividade, e — como vamos discutir no próximo capítulo — a disponibilidade desse tempo tem se mostrado complicada pelo fato de que, hoje, muitos de nós não trabalhamos todos os dias no mesmo lugar ou até com o mesmo tipo de atividade ao longo dos dias. No local de trabalho dinâmico e híbrido, encontrar e conservar tempo de ócio é mais importante do que nunca.

PRÁTICAS DE PRODUTIVIDADE

- Pergunte-se: quando e onde tenho minhas melhores ideias? Então, dê uma olhada em sua agenda. Quanto desse tipo de tempo você tem inserido nela?
- Pense no resultado das pessoas que você lidera e com quem trabalha em um nível macro. Elas têm a liberdade de usar o tempo de ócio como um tempo produtivo e operam de forma eficiente?
- Encontre uma hora de silêncio ao longo do seu dia, mesmo que sejam dez minutos aqui e ali. Não corra para ouvir um podcast ou acessar seu telefone toda vez que houver um momento de transição ou período vago. Permita que seu cérebro absorva toda a informação que você processou no dia.

PARTE III

ONDE FAZER

Capítulo

9

LOCAL É TUDO

Quando nossa agenda de trabalho era a mesma todo dia — pegar o transporte até a empresa, trabalhar no mesmo local, quase o mesmo número de horas —, nosso cérebro não precisava fazer muitos ajustes. Era um padrão reconhecível e facilitava para que entrássemos no modo trabalho todos os dias. Trabalhar de casa durante a pandemia foi uma mudança considerável, mas, depois de algumas semanas, tornou-se um padrão novo, mas consistente, e nos adaptamos. Fazer isso todo dia demandou uma reconfiguração do nosso "normal", mas, depois que nos acostumamos, nosso cérebro e nossa rotina se estabeleceram.

O *trabalho híbrido* — quando às vezes estamos em home office, outras no escritório, seguindo uma agenda que pode mudar de uma semana para outra — é um esquema totalmente novo. Pela primeira vez, temos que treinar o cérebro para operar em dois (ou mais) ambientes radicalmente diferentes, com diversas agendas e até mesmo tipos de trabalho variados. É possível dizer que o trabalho híbrido pode dar a sensação de se ter dois empregos distintos. Planejamento e intenção se tornam ainda mais importantes quando você está tentando coordenar agenda com outros colegas de equipe e decidir o melhor lugar para realizar determinado tipo de trabalho. Estas dicas podem ajudar, quer você esteja no modelo híbrido, trabalhando de casa ou indo para um escritório.

OTIMIZE SUA AGENDA PARA CONEXÃO E FOCO

Quando a pandemia fez muitos de nós passarmos para o home office, dois grupos distintos surgiram: Maratonistas e Velocistas.

Alguns indivíduos logo passaram a ter *mais* tempo do que nunca — de repente estavam livres do transporte público e da viagem até o trabalho. Chamo esse grupo de Maratonistas: eles trabalhavam o dia inteiro, no mesmo lugar todos os dias, correndo o risco de ter um burnout pelo caminho.

Por outro lado, Velocistas tinham *menos* tempo do que nunca. Em geral, seus filhos estavam em casa, alguns tentando ensino a distância, e talvez um cônjuge ou colega de apartamento que também estivesse trabalhando de casa. Eles precisavam trabalhar entre os cochilos e as refeições dos filhos e durante pequenos momentos ao longo do dia. Quase nunca se sentavam no mesmo lugar para trabalhar mais do que alguns minutos de cada vez. Meus conselhos para esses dois grupos durante a pandemia eram radicalmente diferentes.

Da mesma forma, com a transição para o trabalho híbrido, dois outros grupos distintos se identificaram por conta própria: pessoas que ficaram decepcionadas porque sentiam que estar em casa ajudava na concentração (Pró-casa) e pessoas que ficaram entusiasmadas em voltar ao trabalho porque se sentiam mais produtivas na rua e no escritório (Pró-escritório).

*Reconhecer onde nos concentramos melhor
nos permite desenvolver novas rotinas e
novos locais para fazer nosso melhor trabalho.*

Com esse novo entendimento sobre nossa própria predisposição (e a de nossos colegas) em relação ao home office ou ao escritório, podemos maximizar nossa produtividade ao refinar a agenda e os espaços de trabalho pessoais de acordo com as abordagens sugeridas pelo quadro:

Pró-casa (pessoa que se concentra melhor em casa)	Pró-escritório (pessoa que se concentra melhor no escritório)
• Agende grandes blocos de tempo ininterruptos nos dias de home office. • Adie qualquer reunião (até mesmo virtual) para um dia em que esteja no escritório, se possível. • Monte o espaço do home office para minimizar distrações (sem telefone, com fones, porta fechada, monitor extra etc.). • Pense em uma programação em casa que otimize seu foco (exercícios no meio do dia, início logo cedo pela manhã, pausa para o almoço mais tarde, a fim de manter o ímpeto da manhã). • Planeje para que os dias no escritório sejam mais "dispersos" e tenha uma lista de "tarefas pequenas" nesse dia que possam ser concluídas com breves períodos de concentração. • Não desperdice dias de home office com pequenas tarefas triviais ou e-mails rápidos que podem esperar até o próximo dia no escritório. • Priorize grandes projetos que precisam de concentração total. • Se tiver como escolher, opte por ir ao escritório em dias que já estão tomados por reuniões, até mesmo virtuais.	• Agende grandes blocos de tempo ininterruptos e voltados para concentração no escritório. • Adie solicitações de reunião, quando possível, para seus dias de home office (mesmo que a reunião possa ser no escritório, presencial, tudo bem realizá-la virtualmente em casa em prol da concentração). • Monte seu escritório para minimizar distrações: grandes headphones ou uma pequena luminária de toque em sua mesa, para indicar momentos de concentração para seus colegas, monitor(es) extra(s), reserva de escritório ou sala de reunião, caso seja necessário. • Planeje para que os dias de home office sejam mais "dispersos" e tenha nesses dias uma lista de "tarefas pequenas" que possam ser concluídas com breves períodos de concentração. • Não desperdice dias no escritório com pequenas tarefas triviais ou e-mails rápidos que podem esperar até o próximo dia de home office; priorize grandes projetos que precisam de concentração total. • Se tiver como escolher, opte por ir ao escritório em dias sem reunião e dedique-se a mais tempo de foco.

AJUSTE-SE ÀS SUAS CIRCUNSTÂNCIAS

Nem todos estamos trabalhando no modelo híbrido. Alguns estão totalmente em home office, outros totalmente no escritório. Em alguns casos, aqueles que adoram trabalhar em um escritório (ainda Pró-escritório!) estão em um cargo remoto e se veem em casa o tempo todo. Meu marido (um verdadeiro Pró-escritório) recentemente passou para o trabalho remoto e descobriu que tem muita dificuldade de se concentrar em casa. Ele não tinha a opção de ir a um escritório, mas começou a buscar maneiras de *sair* mesmo assim. Quer fosse trabalhando em uma cafeteria, em um coworking ou até em uma biblioteca, ele encontrou formas de simular o ambiente do escritório. Também criou para si ritmos parecidos com o ambiente do trabalho: ele se levanta, veste roupas profissionais e vai a um local trabalhar o restante do dia, e isso funciona para que sinta que está sendo muito produtivo.

Da mesma forma, se você for um Pró-casa que precisa voltar ao escritório em tempo integral, talvez queira levar junto as coisas que ama no home office. Se é a habilidade de se concentrar sem as conversas paralelas, considere usar fones, ou peça um escritório próprio, ou reserve uma sala de reunião para poder se concentrar em fazer o trabalho. Se é a flexibilidade de horário, converse com seu gerente a respeito de trabalhar em seu ritmo natural, mesmo que isso signifique ir em um horário diferente a cada dia. Não importa a situação: ao se identificar primeiro como Pró-casa ou Pró-escritório, pode ser de grande ajuda ajustar sua agenda para tirar o máximo de proveito da situação em seu trabalho.

COLABORAÇÃO NO LOCAL DE TRABALHO HÍBRIDO

Embora uma agenda híbrida possa representar a possibilidade de dividir seu tempo entre diversos lugares como um trabalhador individual, também pode significar a colaboração com um mix de colegas e locais (remoto, híbrido, presencial, virtual).

Isso apresenta novos desafios para o trabalho produtivo e colaborativo como um time. Ao longo da minha orientação, vi líderes e equipes adotarem as práticas a seguir para ajudar a proporcionar uma colaboração mais fluida, não importa onde nem como a equipe esteja trabalhando:

1. **Comunique onde você está.** Parece óbvio, mas é algo que surgia constantemente quando eu trabalhava com equipes nos primórdios do trabalho híbrido. As pessoas trabalhavam de escritórios diferentes alguns dias, de casa em outros, sem deixar completamente claro em sua agenda onde se encontravam. Isso dificultava a programação entre colegas de equipe, principalmente quando diversos funcionários estavam tendo que brincar em uma versão do local de trabalho de *Onde está Wally?*, descobrindo quem estava onde e em quais dias. É por isso que advogo em prol de tirar um tempo para marcar sua localização na agenda e mantê-la atualizada. Bloqueie tempo para compromissos pessoais, para deslocamento entre prédios e outras pequenas coisas que tornam brevemente impossível localizá-lo. Avalie minuciosamente e atualize sua agenda a cada semana da mesma maneira que examinaria um extrato bancário em busca de uma discrepância.

2. **Estabeleça regras de engajamento**. Assim como várias ineficiências podem escalar ao longo da organização e criar problemas, estabelecer regras fundamentais que são seguidas por toda uma equipe ou organização pode escalar de maneira positiva e tornar a comunicação fluida. Abaixo, alguns exemplos de regras de engajamento que já vi funcionarem bem.

Como equipe:

- Marcamos todas as reuniões com Ásia/Estados Unidos na terça à noite/quarta de manhã quando for possível.
- Não fazemos reuniões às sextas para termos momentos de concentração total no trabalho.
- Todos estaremos no escritório às quartas.
- Mandamos mensagem por bate-papo apenas quando for urgente ou quando disser respeito a uma solicitação do mesmo dia. Do contrário, enviamos e-mails.
- Todos criamos eventos no calendário que sejam alteráveis por todas as partes, de forma a serem facilmente movidos ou modificados sem a necessidade de e-mails adicionais.
- Não mandamos e-mails no fim de semana.

3. **Nivele o campo de jogo**. Outro aspecto notável de trabalhar de casa é que todo mundo está reduzido ao mesmo tamanho do retângulo de uma tela. Isso nos iguala em grupos de reunião e bate-papo, o que incentiva alguns a se posicionarem quando talvez não tivessem lugar em uma mesa grande numa sala de reunião. Tentar manter essa consistência

134 • PRODUTIVIDADE SAUDÁVEL

pode ser de grande ajuda agora que você provavelmente tem gente no escritório, no computador e em casa ou outros espaços de forma remota. Muitas plataformas de reunião virtual oferecem a capacidade de todos participarem da caixa de comentários ou do quadro-branco virtual, mesmo que estejam fisicamente presentes na sala de reunião. Se sua equipe adora a função de levantar a mão em reuniões apenas virtuais, certifique-se de incentivá-la a fazer isso pessoalmente. Inclua de forma intencional aqueles que não estão na sala principal ao perguntar a eles diretamente: *Josh, o que você acha?*

4. **Crie um espaço à parte para socializar**. Assim como diversas equipes durante a pandemia, a minha sentiu muita falta de conexão social com nossos colegas. Fazíamos várias reuniões pontuais uns com os outros ao longo da semana e percebemos que era ineficiente tentar encaixar um tempo para socializar em cada uma delas. Eu me reunia com Beth e contava sobre meu fim de semana. Depois, tinha uma reunião com Beth e Michelle e contava para Michelle sobre meu fim de semana, coisa que Beth já tinha ouvido. Antes que eu me desse conta, cada reunião ficava cheia de histórias repetitivas e atualizações que seguiam encontro adentro, invadindo um tempo precioso.

Com isso em mente, Vivian, nossa colega de equipe, criou uma reunião semanal *apenas para socializar*. Durava meia hora e era na quarta-feira. Isso aliviou em todos nós a pressão de termos que nos atualizar em relação a nossos colegas e o que acontecia na vida deles, fins de semana e afins. Usávamos outras reuniões para trabalho e até as reduzimos para dez ou quinze minutos, sabendo que tínhamos tempo reservado para nos conectarmos no meio da semana.

No entanto, nada é mais entediante do que um encontro virtual para socializar, onde as pessoas são instruídas a apenas conversar (e é claro que qualquer reunião da qual eu participe tem que ter uma programação!), então chegamos até a montar uma agenda semanal para manter a coisa divertida e interessante. Depois de uma rápida atualização sobre como andava nossa vida pessoal, a cada semana tínhamos um tema diferente. Alguns exemplos incluíam:

- Dia de trazer e apresentar bichinhos de estimação.
- Tour no estilo *MTV Cribs* por um dos cômodos favoritos da sua casa.
- Setembro do autocuidado: cada semana tinha um foco diferente, com nossas melhores dicas para saúde mental, física, espiritual e emocional.
- Mês dos itens de marca genérica favoritos: a cada semana, discutíamos sobre um supermercado diferente — Trader Joe's, Costco, Target e Aldi.
- Mês do "ensine uma habilidade sua": cada semana era conduzida por uma pessoa diferente, que tinha habilidades como costurar, produzir guirlandas e preparar coquetéis.
- Dia da receita fácil: todos traziam e compartilhavam uma receita que levasse meia hora ou menos para ser preparada.
- Um livro em um minuto: resumir seu livro de não ficção favorito e o que aprendeu com ele em um minuto, num estilo bate-bola.

Essa reunião se tornou tão popular e útil que continuamos a fazê-la, mesmo que muitos de nós se encontrem pessoalmente agora. A troca semanal garantiu que as pessoas que trabalhavam no modo virtual estivessem por dentro das coisas e se sentissem incluídas, aliviou a necessidade de socializar a cada reunião e gerou outras colaborações espontâneas e ideias referentes a trabalho. Meia hora por semana de interação social resulta em muito menos tempo do que tentar socializar nos primeiros dez minutos de cada reunião ao longo da semana.

5. **Aceite a assincronia**. O fato de não estarmos mais no mesmo lugar, ao mesmo tempo, também pode exigir que você repense fluxos de trabalho. Usar ferramentas como documentos e bate-papos colaborativos; programar o envio de e-mails para as horas de trabalho do destinatário de acordo com o fuso horário dele; dar duas opções de reunião de equipe geral para que indivíduos em fusos diferentes possam comparecer; passar um brainstorming para um quadro-branco virtual, no qual as pessoas podem acrescentar algo no próprio tempo em vez de ficar conversando no bebedouro — tudo isso são exemplos de modos de aceitar a nova forma de trabalho.

Não se esqueça de que híbrido — em todos os aspectos — é, de fato, uma forma *diferente* de trabalho. Seguindo o pensamento em base zero, dizia a meus clientes: imagine que você acabou de ser dispensado de seu cargo atual. Parabéns! Você acabou de ser recontratado — para o mesmo cargo, só que agora o trabalho é feito parcialmente em casa e sua equipe está espalhada por aí, atuando em esquema híbrido. Com essa nova mentalidade, pense em como assumir o cargo e abordá-lo sob uma nova perspectiva. Híbrido é uma forma diferente de trabalho e deve ser tratado assim.

O trabalho híbrido chegou para ficar para muitos de nós, e as estratégias e técnicas demonstradas aqui vão ajudar você a se adaptar e prosperar nesse contexto. Contudo, não importa quanto tenhamos nos planejado e organizado bem: há uma importante parte de nós — nosso cérebro — que talvez não se adapte a toda essa facilidade a tanta mudança e fluidez. No próximo capítulo, vamos discutir formas de facilitar também essa adaptação.

PRÁTICAS DE PRODUTIVIDADE

- Analise seus hábitos de trabalho e pergunte-se onde você se concentra melhor. Use o quadro neste capítulo para ajustar sua agenda e ambiente de trabalho de acordo com isso.
- Peça a sua equipe que faça a mesma autoavaliação. Usando as respostas deles (e suas próprias observações), defina regras de engajamento para reuniões e comunicação para a equipe, a fim de aproveitar da melhor forma possível a agenda de trabalho híbrido deles.
- Decida onde e como colaborações sociais vão ocorrer dentro de sua equipe. Estimule essa ação com uma reunião virtual semanal ou em compromissos sociais semanais, quando todos estiverem no escritório.

Capítulo
10

ÁREAS DE CONCENTRAÇÃO E ÁREAS DE DESCONTRAÇÃO

Por que meu filho de 1 ano começa a salivar quando o coloco no cadeirão, antes mesmo de eu começar a preparar a comida? Adoro pensar que é porque eu sou uma *excelente* chef, mas a verdade é que o cérebro dele aprendeu, corretamente, a associar o *cadeirão* com a *comida*, e essa conexão cerebral despertou uma mudança física consistente em suas glândulas salivares.

Da mesma forma, por que você ouve falar em vários autores que escreveram um livro inteiro sentando-se no mesmo lugar? Ou por que algumas pessoas ouvem a mesma música clássica para se concentrar ou pegar no sono? Ou, por outro lado, por que tantos de nós tivemos dificuldade em mudar nosso trabalho para o home office no começo da pandemia? Tudo tem o mesmo motivo: *dependência de estado*.

A dependência de estado se refere ao fato de que o cérebro absorve muito além de *o que* estamos fazendo. Ele conta com pistas de contexto, como onde estamos, o que cheiramos, o que ouvimos — informações armazenadas que associamos *ao que* estamos pensando ou fazendo.

Isso também se aplica à memória. Em 1975, foi pedido a dois grupos de mergulhadores de águas profundas que memorizassem uma lista aleatória de 36 palavras com duas e três sílabas.[1] Um grupo memorizou ainda em terra, e o outro, submerso. Antes de pedirem que dissessem as palavras, metade do grupo submerso foi colocado em terra, e metade do grupo terrestre foi para baixo da água. Aqueles que estavam no mesmo ambiente em que decoraram as palavras apresentaram uma taxa de precisão muito mais alta.

ÁREAS DE CONCENTRAÇÃO

Quando reconhecemos que nosso cérebro está associando certos locais a certas tarefas, podemos manipular essa tendência em vantagem própria. Já parou para pensar por que não demora nada para entrar no ritmo de trabalho quando estamos indo para o escritório todo dia? É porque tantas outras condições estavam alinhadas antes mesmo de você sequer abrir o computador: o deslocamento até o trabalho, sua mesa, seu escritório, a conversa com os colegas da mesma sala, sua caneca de café favorita. Tudo isso são pistas que seu cérebro foi consistentemente associando a trabalho *todo dia*. Elas estavam "azeitando o processo" antes mesmo de você sentar-se à sua mesa. Não é de se admirar que fosse fácil para seu cérebro começar a pensar em trabalho no trabalho, e também não é de se admirar que tenha sido difícil para muitos de nós entrarmos no modo trabalho estando em casa quando nenhuma dessas dicas estava disponível.

É possível usar essa tendência humana em vantagem própria ao criar *áreas de concentração* físicas para certos tipos de trabalho. Isso pode ser feito, caso você tenha diversos locais para realizar um trabalho híbrido ou até mesmo caso trabalhe no mesmo local todo dia, como em casa ou no escritório.

Essa associação de *tarefa–local* pode acontecer da seguinte forma:

- Sempre calculo minhas despesas no assento grande e confortável sob a janela no meu escritório.
- Sempre leio documentos sobre design de produto em uma cafeteria perto de casa nos dias em que faço home office.
- Sempre começo o dia lendo notícias sobre negócios no meu telefone na varanda da frente.
- Sempre respondo a e-mails logo cedo pela manhã com minha xícara de café na mesa.
- Sempre programo nos dias de home office usando meus dois monitores.
- Elaboro todo o meu conteúdo de porta fechada no escritório.

Escolher locais específicos para tarefas específicas ajuda você a se acostumar com elas.

O ideal é juntar essas coisas com o modelo de calendário já escolhido no Capítulo 5, junto com sua definição de que tipo de tarefa você precisa realizar em casa ou no escritório com base em suas preferências de foco. Uma vez que você já tem uma ideia de seus temas diários, onde vai estar e no que vai estar focado de modo geral, pode se dedicar aos detalhes de onde vai se sentar para isso. É claro que não precisa fazer sempre, mas quanto mais consistência tiver, mais fácil se torna para seu cérebro entrar no modo foco para determinada tarefa em determinado local.

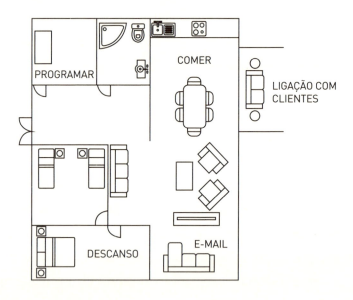

ÁREAS DE DESCONTRAÇÃO

Se eu colocar meu filho no cadeirão de vez em quando só para ler livros para ele ou brincar com seus brinquedos e depois tirá-lo dali sem lhe dar comida alguma, seu cérebro vai parar de fazer aquela associação imediata com comida. Ele agora vai pensar: *Vai saber por que estou no cadeirão. Pode ser para qualquer coisa!* E a conexão da comida com aquele local vai se perder. É por isso que é tão importante preservar determinados locais para determinadas atividades e não os misturar.

Tão importante quanto ter suas *áreas de concentração* é criar suas *áreas de descontração* para ajudar seu cérebro a *não* pensar em determinadas coisas quando você estiver em certos lugares. Isso vai preservar seu bem-estar emocional e estimular sua habilidade de relaxar.

Quando muitos foram obrigados a trabalhar de casa, a sensação era a de que morávamos no trabalho o tempo todo. Durante a pandemia, incentivei meus clientes a tratarem o trabalho como qualquer outro convidado em sua casa. Se seus sogros ficassem em sua casa, meio que sem serem convidados ou por alguns dias a mais do que o necessário, como você lidaria com isso? Daria limites; daria um espaço para eles. Você *não* ficaria com eles todas as noites até adormecer nem os convidaria para seu quarto todas as manhãs às 6 horas. Porém, é isso que estamos fazendo com nosso trabalho ao acessar o e-mail assim que abrimos os olhos e trabalhar até a hora de ir para a cama, coisa que acontece quando dormimos com o celular por perto.

Meu pai trabalha de casa desde 1996, antes de isso se tornar uma coisa comum. Durante toda a minha infância, não consigo me lembrar de ele ter levado trabalho para dentro de nosso espaço familiar. Há pouco tempo, perguntei como ele mantinha limites tão eficazes. Ele me disse que, quando começou a trabalhar de casa, ele não tinha opção. Não existia wi-fi, então ele precisava ficar conectado por um cabo ethernet e, antes disso, tinha só um computador de mesa. Agora é possível levar o laptop a outros lugares da casa, podendo ficar na área da piscina para mandar e-mails, mas, uma vez que ele definiu que nossa sala de estar e a área da cozinha eram os lugares em que ele ficava com a família e *nunca* trabalhava, esses dois espaços se tornaram para sempre locais onde não havia trabalho (suas "*áreas de descontração*").

Quando meu marido e eu nos mudamos para nossa nova casa com nossos filhos, tínhamos uma área lateral esquisita em nosso quarto principal, e eu não fazia ideia do que fazer com ela. Não era grande o bastante para ser uma área de estar nem pequena o suficiente para colocar uma mesinha. No fim das contas, colocamos lá uma poltrona com apoio para os pés, além de alguns cobertores, uma estante de livros e uma máquina de café. Logo o espaço foi batizado pelos meus filhos de "cantinho aconchegante".

O cantinho aconchegante é onde termino de tomar uma xícara de café antes de meus filhos acordarem (o que é, na minha opinião, a chave de ouro da maternidade). É onde leio livros e revistas ou medito. É onde minha filha me encontra pela manhã, ao acordar, e traz um livro dela. Não tem relógio no cantinho aconchegante (defino alarmes no celular que fica do outro lado do quarto quando preciso saber que está encerrado o tempo de fazer alguma coisa). Costumo me flagrar querendo levar o laptop até lá para terminar alguns e-mails ou pegar meu celular para ficar nas redes sociais, mas resisto, porque nem uma única vez naquela poltrona meu cérebro pensou ativamente em trabalho, estresse ou qualquer coisa que não fosse relaxar. Associo esse canto a total aconchego, meus filhos, leituras e descanso. Por que eu estragaria isso? É tão fácil ficar descontraída nesse canto, e é por isso que eu o adoro.

Você precisa desses espaços de segurança em sua vida e, infelizmente, ter dispositivos de tão fácil acesso em qualquer lugar colocou em risco esses santuários. Por isso, é algo que é preciso fazer de forma intencional, algo a ser projetado. Encontre um lugar ou dois em sua vida — um espaço físico, um período regular do dia — onde a única coisa que você faz é... *relaxar*. Talvez seja no deslocamento até o trabalho, durante o qual você nunca atende ao telefone ou lê e-mails, apenas ouve um audiolivro ou música (ou fica em silêncio!). Talvez seja sua sala de estar ou seu quarto. Nunca permita que o estresse respingue nesses lugares. Mesmo que você já tenha cruzado alguns limiares, sempre dá para recomeçar, treinar o cérebro de novo para não esperar nada além de descanso nesses locais específicos.

CRIE CONSISTÊNCIA

Como já vimos no Capítulo 9, ter uma agenda de trabalho híbrido, às vezes, pode dar uma sensação de ter empregos diferentes em locais diferentes. Se seu cargo inclui viajar para destinos variados toda semana, pode ser difícil entrar em uma rotina com áreas de concentração e definir horários. Não importa onde esteja trabalhando, é possível ajudar seu cérebro nessas transições ao encontrar algumas coisas que você faz todo dia (não importa o local de trabalho).

Por exemplo, se você se desloca até o trabalho de 8h15 até 9 horas nos dias em que vai para o escritório e ouve um audiolivro durante o trajeto, saia para dar uma caminhada e ouça seu livro durante o mesmo período nos dias em que está de home office. Se sempre faz uma caminhada quando está em casa depois do almoço, faça isso no trabalho também. Sempre toma um cafezinho à tarde no escritório? Prepare um *latte* em casa. Costuma se exercitar toda manhã em casa? Tente fazer o mesmo no hotel quando estiver viajando. Esse tipo de sinal ajuda você a manter o ritmo e torna o dia de trabalho *consistente*, não importa onde estiver. É isso que prepara o cenário para que seu dia seja produtivo e focado no trabalho.

Algo parecido com criar áreas de descontração é também criar uma rotina a ser seguida apenas nos dias em que você *não* trabalha, instigando seu cérebro a relaxar e pensar em diversão. Talvez isso signifique preparar panquecas todo sábado pela manhã ou aproveitar sua máquina de cappuccino nos fins de semana. Se tem filhos, eles vão *adorar* as tradições divertidas de fim de semana que indicam algo de diferente naquele dia, ao contrário de seus dias da semana/escolares.

MANTENHA O FLUXO ONDE QUER QUE VÁ

Quando falamos de trabalho híbrido, as técnicas que descrevo neste livro — definir temas para cada dia, agrupar suas reuniões e planejar de maneira intencional sua Lista Diária — se tornam ainda mais importantes. Dê uma boa olhada em seu modelo de calendário do Capítulo 5 e pergunte-se:

Faz sentido através das lentes do trabalho híbrido?

Tenho um tema para determinado dia que combinaria melhor se nesse dia eu estivesse no escritório ou com mais colegas?

Será que devo mudar o horário do meu deslocamento diário com base no que sei a respeito de minhas horas de pico (isto é, realizar um trabalho de foco das 7 às 9 horas em casa, *depois* dirigir até o trabalho)?

Depois de saber quais tipos de trabalho você gosta de fazer e onde, em que lugares específicos, isso começa a orientar suas Listas Semanal e Diária com um pouco mais de precisão. O fato de ficar para lá e para cá entre vários locais toda semana ou trabalhar com colegas em diversos locais torna ainda mais importante ter certeza em relação a esses itens.

Pense em áreas de concentração, áreas de descontração, agrupar e planejar com antecedência como ferramentas para ajudar seu cérebro a se adaptar à agenda de trabalho híbrido mais bem-sucedida de todas. Ter o conhecimento de onde e como você trabalha

146 • PRODUTIVIDADE SAUDÁVEL

melhor, junto da intenção do que você faz e onde faz, pode pavimentar o caminho para o sucesso, não importa sua localização nem sua agenda.

PRÁTICAS DE PRODUTIVIDADE

- Escolha *áreas de concentração* para algumas de suas principais tarefas. Por exemplo: *sempre respondo aos e-mails dos meus clientes da cadeira do escritório*. Comece a treinar seu cérebro para associar esses locais a essas tarefas.
- Escolha *áreas de descontração*: lugares onde você nunca trabalha ativamente. Comece a usar esses locais apenas para relaxar.
- Crie consistência para seu dia de trabalho. Invente algumas rotinas que você sempre siga, não importa onde esteja trabalhando naquele dia.
- Use as *lentes do trabalho híbrido* para dar uma olhada em sua agenda, com base nos dias em que você tem de estar em tal lugar e em quais temas e agrupamentos você tem para seu dia. Faz sentido? Segue o fluxo da sua energia? Ajuste de acordo.

PARTE IV

COMO FAZER BEM-FEITO

Capítulo
11

O EQUILÍBRIO DOS LIMITES

Você já identificou as tarefas que são mais importantes (*o quê*). Identificou suas horas de pico para fazer as coisas (*quando*). Sabe como inseri-las em seus novos locais híbridos e espaços específicos (*onde*). Agora, a última parte é garantir uma execução de *excelência* dentro dos novos parâmetros estabelecidos. É aqui que as pessoas costumam pensar em eficiência no que diz respeito à produtividade. Como, de fato, fazer as coisas da *melhor maneira possível*?

Uma imensa parte disso começa na maneira como você trabalha com os outros. Ninguém opera em uma bolha, então você precisa de um plano para o modo como suas prioridades, suas preferências e seu tempo vão se encaixar na hora de trabalhar com outras pessoas. Muitos pensam que é preciso escolher entre ser "uma daquelas pessoas" (a que quer ver a programação, que não comparece a toda reunião para a qual é chamada, que diz não a solicitações ou novos projetos) *ou* ser a que tem capital social e é vista como amistosa, acessível e muito respeitada. Você não precisa escolher! Dá para ser ambas. Você pode preservar seu tempo e ser intencional na forma como o utiliza, mas fazer isso de maneira cordial, promovendo a colaboração e incentivando o respeito mútuo.

Uma vez, encontrei um velho amigo, Mark, em um dos nossos escritórios de Nova York, que ambos estávamos visitando. Ele falou: *"Ah, oi! Que bom ver você! Eu adoraria bater papo em breve, então vou reservar um horário na sua agenda, e é claro que não vou me esquecer de enviar com antecedência uma programação"*.

Nesse momento, pensei: *eu consegui!* O fato de Mark ainda querer bater papo comigo, gostar de trabalhar comigo e manter contato anos depois de termos sido da mesma equipe mostrou que eu era amigável o suficiente para ser uma boa colega. A aprovação dele em relação a mim era parte do motivo de eu ter sido promovida. Mas ele *também* conhecia meu estilo de trabalho e meu alto padrão para um tempo bem utilizado. Construí "minha marca" como alguém que não aceitava reuniões que não estivessem programadas: era exatamente essa marca que eu queria! Eu tinha sido bem-sucedida em estabelecer isso como um limite.

Você pode apresentar motivos pelos quais não pode criar ou manter limites, como: *sou dono do meu próprio negócio,* preciso *estar disponível, acabei de iniciar meu trabalho da parte hierárquica mais baixa* ou *preciso aceitar o que vier.* Algumas dessas coisas podem ser verdade, mas pense em estabelecer limites bem aos poucos, um passo de cada vez. Trabalhei com uma cliente que aceitou um novo emprego e seu predecessor disse a ela que ele trabalhava à noite, nos fins de semana e durante as férias enquanto esteve no cargo. Ela não ficou confortável com isso, embora tenha sido o padrão estabelecido antes dela. Seria polarizador para ela assumir o novo cargo com um estilo de trabalho radicalmente diferente, então, bolamos uma abordagem de limite gradual. Conforme ia se ajustando ao novo cargo, ela respondia a e-mails e mensagens fora de seu horário de trabalho. Depois de algumas semanas lá dentro, começou a esperar uma hora para responder, dizendo aos colegas com quem trabalhava que estava jantando com a família e responderia depois disso. Aos poucos, isso foi se transformando em respostas logo na manhã seguinte, durante o horário de trabalho. Ela tirou suas primeiras férias verificando e-mails uma vez por dia, mas foi gradualmente passando para uma ou duas vezes durante a semana que estava fora. Depois de quase um ano, seus colegas a respeitavam e gostavam de trabalhar com ela, mas, aos poucos, ela foi alterando as expectativas de seu cargo para que se tornassem algo que funcionasse dentro dos limites individuais *dela*. No ano seguinte, ela foi promovida, o que se deu provavelmente por causa do tempo e da energia que ela dedicava ao cargo, *além* dos benefícios positivos de estar descansada e desconectada durante seu tempo de ócio.

Pense em algum conhecido que estabeleceu um limite com você — é provável que você respeite mais essa pessoa *por causa* disso. Por exemplo, minha fotógrafa favorita me disse com toda a delicadeza que só tira fotos de família às terças e quintas, para poder fazer as edições às quartas e fotografar casamentos nos fins de semana. Num mundo ideal, eu gostaria que ela viesse fazer fotos no fim de semana, mas também respeito o fato de ela ter definido essa agenda para si. A confiança (e a cordialidade) que ela tem com isso me diz que ela é profissional e usa seu tempo de modo intencional. Sem dúvida ainda vou contratá-la se ela fizer boas fotos e aposto que suas fotografias vão ser melhores do que as tiradas por alguém que vai trabalhar em qualquer horário solicitado em qualquer dia. Os limites dessa fotógrafa a deixam

O EQUILÍBRIO DOS LIMITES • 153

preparada para ter mais equilíbrio e estímulo na hora da edição: o trabalho que ela produz vai ter um resultado melhor, e ela vai ser uma fotógrafa mais destacada, atraindo mais clientes satisfeitos em aderir à agenda dela.

Muito da minha orientação é focada em andar por essa linha, que pode ser especialmente desafiadora para pessoas em um cargo novo ou para quem está tentando aliviar sua agenda. Como me mantenho colaborativo, acessível e disponível para meus times e colegas ao mesmo tempo que evito viver no mundo *deles*, com sua lista de afazeres se sobrepondo à minha? É um equilíbrio delicado, mas, sem dúvida, pode ser alcançado.

QUAIS SÃO SEUS TRÊS LIMITES?

Além de perguntar *quais são suas três principais prioridades*, uma das primeiras perguntas que faço quando estou trabalhando com um cliente é: *Quais são os três limites que você estabeleceu para si?* Muitas vezes, a reação a essa pergunta mostra logo de cara o quanto a pessoa se dedicou a pensar nisso. Ou ela já definiu limites, ou nunca pensou nisso. Aqui estão alguns limites realistas e eficazes que vi outras pessoas definirem:

- Participo de todas as reuniões entre 8 e 16 horas.
- Saio às 17 horas todo dia para buscar meus filhos.
- Passeio com meu cachorro na hora do almoço todo dia.
- Faço reuniões entre segunda e quinta e programo trabalho focado na sexta.
- Faço reuniões de networking uma semana por trimestre.

Ter limites não quer dizer que eles *nunca, jamais* serão ultrapassados, mas deveria significar que você se atém a eles durante 80% do tempo ou mais. Até mesmo fazer isso *a maior parte do tempo* já faz uma grande diferença. Assim como discutimos no Capítulo 4, implementar essa mudança *em qualquer nível* vai gerar um efeito positivo. A prática de simplesmente listar e definir seus limites ajuda você a refletir sobre o que é mais importante para você e salienta o que vai lhe dar o maior ROI em seu tempo ou sua energia. Os limites não são os mesmos para todo mundo, então defini-los por conta própria é imensamente importante.

PELO LADO POSITIVO

Dei aulas de balé fitness por dez anos, e uma coisa que treinamos é sempre usar linguagem positiva. Dizer a alguém *"pare de dobrar o joelho"* requer muito mais reflexão e deliberação da parte do outro do que apenas dizer *"estique a perna"*. Usar linguagem positiva dá ao cérebro uma única coisa em que se concentrar: o que você *deve* fazer. Já vi isso funcionar diversas vezes, desde dentro das minhas orientações, passando pela comunicação em ambiente de trabalho e até na maternidade (*"Não grite!"* versus *"Silêncio, por favor!"*).

A ponte entre limites e acessibilidade é a comunicação correta. A melhor maneira de comunicar limites é delineá-los de forma positiva. Você vai perceber que, em todos os exemplos acima, o limite destaca o que você *faz versus* o que você *não faz*. Considere delinear seus limites dessa forma em qualquer momento que for comunicá-los:

DELINEAMENTO NEGATIVO DE LIMITES	DELINEAMENTO POSITIVO DE LIMITES
Não faço reuniões às sextas.	Faço reuniões de segunda a quinta.
Não vemos TV em dias de semana.	Vemos TV aos sábados e domingos.
Não respondo a mensagens fora do horário de trabalho.	Estou disponível para mensagens entre 7 e 17 horas.
Não posso bater papo sobre carreira esta semana.	Faço um bate-papo sobre carreira na terceira quinta do mês.
Não faço fotos de família aos fins de semana.	Estou disponível às terças e quintas para fazer fotos de família.
Saio do trabalho todo dia às 17 horas.	Estou disponível para reuniões antes das 17 horas.
Não estou aceitando novos clientes no momento.	Aceitarei clientes novos a partir de maio.
Não reviso contratos em menos de 24 horas.	Analiso todos os contratos em 48 horas.
Não tenho tempo durante a semana para fazer uma reunião sobre esse assunto.	Tenho horários no escritório todas as sextas para fazer uma reunião sobre esse assunto.

Dá para ver como o mesmo limite soa e parece muito melhor quando comunicado de um ponto de vista positivo. Isso mantém o destinatário do limite concentrado no que você *pode* e vai fazer *versus* o que está fora dos limites.

O MANUAL SOBRE VOCÊ COMO USUÁRIO

Limites não são nada se não forem amplamente anunciados.

Depois de estabelecer seus limites e delineá-los usando linguagem positiva, é melhor comunicá-los logo de cara para evitar ter que repeti-los *quando* uma situação se apresentar. A melhor maneira de anunciá-los amplamente é listá-los sempre que puder, como, por exemplo, em uma página de perfil da empresa, na assinatura do seu e-mail ou em qualquer lugar de fácil acesso para as pessoas com quem você trabalha. Também pode repetir seus limites para os outros com frequência dentro do seu fluxo de trabalho. Muitas vezes, eu recuso convites vagos com uma mensagem que diz: "Só compareço a reuniões com programação ☺!". (Costumo acrescentar a carinha sorridente só para reafirmar a cordialidade, mas é apenas uma decisão de estilo.)

Alguns líderes do Google, incluindo Urs Hölzle, vice-presidente sênior de engenharia, popularizou uma espécie de "manual do usuário" ou "um guia de como trabalhar comigo". Urs explica seu estilo de trabalho, suas preferências em reuniões e como ele gosta que peçam a ele que tome decisões. Ele o deixa publicado como link na página de perfil da empresa e o atualiza o tempo todo para que os outros vejam. É uma ótima forma de eliminar conjecturas no trabalho com os outros. Você pode mostrar com clareza quando e como prefere se comunicar (e-mail, mensagem, reunião ou telefonema), assim como suas prioridades e seus limites atuais.

Uma coisa que costumo conversar com meus clientes é que, quando as coisas ficarem intensas, a "pressão" vai atingir você de alguma forma. Se as pessoas estão mandando e-mail, mas você está atrasado nessa parte, elas vão adicionar tempo na sua agenda. Se você não tem uma vaga na agenda, elas vão mandar uma mensagem para obter respostas ou decisões. Se você define com clareza suas preferências de comunicação (digamos que você não seja alguém que verifique constantemente o e-mail e prefira começar com uma rápida atualização de cinco minutos), consegue se poupar da "disseminação da pressão" ao afirmar isso logo de cara! Eu fico com meus e-mails em dia com facilidade, mas me vejo sobrecarregada quando minha agenda está com compromissos demais, então, listo minha primeira linha de preferência de comunicação como e-mail. Estilo de trabalho e preferência de comunicação podem ser um ótimo ponto de partida e algo que você poste publicamente ou compartilhe com os colegas de equipe.

Se isso não for uma prática comum em seu trabalho, vá devagar e compartilhe seus limites e preferências de estilo de trabalho apenas com sua equipe direta ou gerente. Durante uma reunião trimestral de equipe ou um encontro fora do local de trabalho, fomente algumas discussões a respeito do que faria seu grupo trabalhar melhor junto e o que faz você trabalhar melhor como indivíduo. Gere uma lista de preferências para membros da sua equipe, como: *Kyle prefere receber um e-mail antes de marcar qualquer coisa em sua agenda!* Ou: *Ma'ayan gosta de ter folgas de meia hora entre as reuniões, se possível!* Faça a sugestão de exibir esses limites ou preferências em algum lugar de fácil acesso a todos. Faça uma verificação em algumas semanas e veja como a comunicação e o fluxo de trabalho melhoraram.

MAIOR CUSTO-BENEFÍCIO PARA SUA ENERGIA

É importante tornar seus limites realistas, mas é igualmente importante deixar claro que você é acessível e está disponível para encontros presenciais e colaborações de qualidade dentro desses limites. Muitas vezes, a ineficiência pode ser resultado de nossos esforços para nos tornarmos disponíveis. Podemos fazer mais com menos do nosso tempo e gastar menos pontos de energia para mais tempo de colaboração.

1. **Horário de atendimento**: se você se vê com muitas reuniões que não fazem parte de seu ritmo regular, do trabalho em grupo de sempre ou das prioridades principais, considere ter horários de atendimento semanais. Eles devem ser para coisas que ficam mais na categoria *arrastar* (quando pedem algo para você ou arrastam você para algo). Programe isso para suas horas de energia em baixa. Se as pessoas que querem se reunir com você estão fora de suas prioridades regulares — digamos, alguém que quer um conselho seu em relação à carreira —, é provável que façam o horário de atendimento funcionar. Comece com períodos bem curtos (talvez dez minutos). Crie regras para essas horas, como: você deve receber qualquer material que queiram revisado com uma ou duas noites de antecedência, ou que qualquer tomador de decisão relevante precisa estar incluído na reunião. Deixe as pessoas cientes de que, quando precisarem do seu tempo, você tem horas de atendimento disponíveis sempre que elas quiserem conversar. Só de estabelecer essas horas já fica claro que você está disponível, quer as pessoas usem ou não esse tempo, assim como o exemplo de professores universitários no Capítulo 1.

2. **Agrupe reuniões similares**: outra forma de manter seus limites é agrupar reuniões similares recorrentes. Uma executiva com quem trabalhei percebeu que tinha reuniões separadas com grupos diferentes de engenheiros, mas todos acabavam fazendo as mesmas perguntas. Então, para ela

era a mesma reunião três vezes por semana, e para os engenheiros era uma reunião importante para obter respostas. Pensamos em maneiras de otimizar essas reuniões e, por fim, decidimos combinar as três em uma sessão de Perguntas e Respostas com engenheiros, na qual os três grupos poderiam fazer suas perguntas. Depois dessa mudança, descobrimos que muitos deles tinham as mesmas dúvidas e que tirá-las dentro de um grupo mais amplo proporcionava um maior compartilhamento de informações e brainstorming, o que beneficiava todas as equipes envolvidas e liberava tempo na agenda dela. Aplique essas mesmas lentes à sua agenda. Se você tem muitas reuniões individuais, veja se há como consolidá-las em reuniões com duas, quatro ou até mais pessoas. Talvez você descubra que está se reunindo duas vezes por semana com um grupo similar de pessoas, com exceção de um ou dois participantes. Nesse caso, será que não dá para fazer uma reunião, estendê-la uns quinze minutos e chamar as pessoas extras apenas na última parte? Monte estratégias para aproveitar ao máximo seu tempo.

3. **Adote períodos mais curtos de reunião**: às vezes, você precisa conversar com as pessoas, mas nem sempre durante o período que achou que precisava. Adote conversas de quinze minutos. Abra-se para encurtar o período das reuniões fixas. A escassez fomenta a inovação, e encurtar suas reuniões é um exemplo perfeito. Uma das minhas atividades favoritas, que é comum no Google, são os *Lightning Talks*, quando os presentes têm um slide e três minutos para ensinar algo à plateia, conquistar adeptos para sua ideia, praticar

o discurso de vendas ou trazer alguma atualização sobre um projeto. As apresentações são cronometradas automaticamente para que, depois de três minutos, apareça o slide seguinte e você seja "expulso" do palco. A plateia é instruída a aplaudir ruidosamente quando vê o slide seguinte para que o palestrante saiba que é hora de sair. É incrível quanto é comunicado quando o apresentador sabe com antecedência que tem apenas três minutos para causar um impacto. Ele "enxuga a gordura" de sua apresentação e faz do seu único slide algo visualmente estimulante e compacto, incluindo apenas os elementos mais importantes. A pessoa tem uma chance de causar um impacto e aproveita o momento ao máximo. Isso para não falar na plateia altamente comprometida, porque a informação chega sucinta e ninguém está pedindo que ouçam algo irrelevante. É parecido com o estilo de anúncios que a *Vila Sésamo* adotou em sua origem (com "comerciais" que promovem números e letras). Adultos e crianças acham fácil consumir peças pequenas e concentradas de informação em vez de um material extenso e complicadíssimo. (Mais a respeito de como fazer reuniões mais curtas no Capítulo 13.)

4. **"Enquanto isso"**: outra maneira de fazer mais em menos tempo é, quando possível, fazer reuniões ou tarefas simultaneamente com outras (que não distraiam você). Se costuma caminhar no meio do dia, faça desse momento uma caminhada de reunião e converse com alguém. Se precisa almoçar de qualquer jeito, convide alguém que está solicitando uma conversa para almoçar com você. Se tem que esperar no carro durante o treino de futebol de seu filho,

por que não fazer uma ligação? É sempre bom pensar nas coisas que você *já* precisa fazer e em como pode encaixar outras que também possam ser realizadas simultaneamente.

Trabalhei com um executivo que tinha acabado de entrar no Google para assumir um novo cargo. Ele gerenciava times globais espalhados por continentes, fusos horários e segmentos diferentes. Uma revisão de tempo nos mostrou que ele estava passando boa parte dos seus dias tentando se conectar com membros da equipe espalhados por todo o mundo. Ele mantinha reuniões de equipe que já existiam e também acrescentava novas à sua agenda para poder conhecer todo mundo. Sentia-se esgotado e, embora seus dias estivessem cheios, não conseguia cuidar de suas prioridades principais.

Depois de uma boa olhada em sua agenda, implementamos as seguintes mudanças:

- Em vez de fazer uma reunião de "Noogler" (novato no Google) com cada pessoa em sua organização, nós os agrupamos em um almoço trimestral Noogler/Dave, transformando de maneira efetiva nove reuniões individuais de meia hora (quatro horas e meia) em uma refeição com duração de uma hora. A maioria das perguntas e discussões dos Nooglers era parecida, e, como bônus, eles conheciam todos os outros novatos na empresa.
- Em vez de reuniões individuais espalhadas por toda a agenda com vários membros da organização, definimos dois dias no começo do trimestre em que indivíduos podiam se inscrever para períodos de quinze minutos de reunião com ele, o que

limitava sua concentração apenas naqueles dois dias e liberava tempo no restante das semanas.

- Passamos sua reunião semanal de duas horas com a equipe para uma de 45 minutos. Embora pareça uma mudança agressiva, nossa intenção era alterar radicalmente o sentimento da reunião para que as pessoas a tratassem como algo diferente. Ele sentia que a equipe, em geral, a enchia de coisas que podiam ser discutidas em outros fóruns e ele já tinha reuniões semanais individuais com cada membro. A nova reunião contava com mais pré-leituras e períodos mais curtos de apresentação, e concordamos em fazer um teste por dois meses para ver como a coisa fluiria.

- Decidimos mudar a programação de viagem dele para um local por trimestre, além de fazer uma reunião mais longa com toda a equipe durante cada visita, em vez das reuniões mensais com a equipe toda de cada país (o que se mostrou mais impactante, porque era presencial e todos faziam questão de priorizá-la).

- Definimos horas de atendimento toda sexta-feira para quaisquer reuniões sem ligação com seu trabalho principal.

Quando eu o encontrei novamente, alguns meses depois, a mudança tinha sido *radical*. Sua equipe ainda sentia que tinha tempo presencial de qualidade com ele (ele fez uma pesquisa anônima e ampla, e as respostas foram positivas). Ao passar de forma estratégica algumas de suas reuniões para o modo presencial, ele, de fato, encontrava ainda mais membros da equipe e, de quebra, conhecia os novos funcionários da organização nos primeiros meses de sua chegada. O mais importante: ele era um líder melhor. Tinha mais tempo na agenda para coisas que queria levar adiante com a equipe. Ele operava de forma efetiva — tudo por causa dessas mudanças em sua agenda de "maior custo-benefício para sua energia" que implementamos.

DIZER NÃO É MAIS FÁCIL
COM OS LIMITES ESTABELECIDOS

Não existe uma discussão completa sobre a importância da definição de limites sem reconhecer que, às vezes, você vai simplesmente dizer *não*. E tudo bem. O Capítulo 2 desenha algumas táticas ótimas para serem utilizadas quando for preciso comunicar: *isso não é bom para mim*.

A melhor coisa quanto a estabelecer limites comunicados de forma clara e deliberada é que você precisa falar "não" com bem menos frequência. Ao dizer às pessoas logo de cara que mantenho as manhãs de sexta livres para períodos de foco e as bloqueio no meu calendário, já eliminei a necessidade de recusar qualquer reunião nesse dia. Ninguém vai marcar nesse período. Ao declarar no meu manual de usuário que prefiro usar mensagens apenas para assuntos urgentes, quase nunca recebo mensagens que preciso ignorar ou redirecionar, e acabo vendo solicitações concentradas no meu e-mail, exatamente onde prefiro que estejam.

Ajuda muito fazer referência aos seus limites a qualquer momento que um deles seja ultrapassado, o que deixa claro o motivo pelo qual você está dizendo não e torna menos provável que ocorra de novo. Você pode dizer: "Apenas um lembrete, só estou disponível para reuniões antes das 19 horas, por isso não estarei presente nessa" ou "Como podem ver no meu manual do usuário (link), prefiro começar discussões por e-mail antes de fazer uma reunião, então, por favor, enviem suas ideias; vou responder e ver se precisamos reservar um tempo! Obrigada!".

Ter limites estabelecidos deixa o ato de dizer não menos pessoal. Não é que eu esteja dizendo não para *essa* reunião *em particular*, só estou dizendo não para qualquer reunião que surja depois das 19 horas. Não é que eu esteja ignorando *sua* mensagem fora do horário de trabalho, só deixei especificamente avisado desde que comecei a trabalhar aqui que só respondo a mensagens durante o expediente, das 9 às 17 horas. Limites dão estrutura, o que ajuda a dar suporte a relacionamentos de trabalho e à sua própria clareza mental.

É claro que esses limites têm alguma flexibilidade (se um gerente sênior solicita uma reunião em um momento pouco conveniente, é provável que você seja flexível em sua agenda para acomodar a reunião), e sempre vai haver coisas fora de controle em sua programação. A questão é ter alguns limites e preferências por coisas que você *pode* controlar. Se alguém que vê você como mentor pede uma reunião, você *tem* a flexibilidade de chamar essa pessoa para almoçar, e usar essa pausa para comer que já estava planejada, *versus* ocupar mais um período de meia hora em sua agenda. Bem parecido com o modelo de calendário que discutimos no Capítulo 5, o objetivo é se concentrar em qualquer coisa que você *possa* controlar em sua agenda e tirar o máximo de proveito disso. Cada empresa e cultura são diferentes, então, se limites e preferências não são uma prática regular, apresentar alguns desses conceitos vai ser um processo gradual. Agora, você tem a linguagem e as ferramentas para começar esse tipo de conversa.

A definição clara e ponderada de limites é vital para preservar tempo, energia, atenção e raciocínio. Limites simples permitem que nossos colegas colaborem de maneira mais bem-sucedida conosco e nos capacita a trabalhar com o máximo de eficiência e criatividade possível. A forma como planejamos o tempo e o espaço preservados por esses limites não é uma mera questão de instituir as práticas e técnicas para lista e agenda que discutimos nos capítulos anteriores. Um bom planejamento de verdade traz benefícios por conta própria.

PRÁTICAS DE PRODUTIVIDADE

- Quais são os três limites que você tem para si? Declare-os de forma positiva.
- Escreva um breve manual sobre *como trabalhar comigo* e compartilhe-o amplamente ou apenas com seus colegas de equipe e empresa.
- Olhe para sua agenda e descubra como usar melhor seus pontos de energia: combine, abrevie e/ou reorganize reuniões quando possível.
- Ao dizer não, faça referência a seus limites ou seu manual de usuário, para que os outros adquiram o hábito de estarem cientes deles.

Capítulo

12

UM PLANO PARA PLANEJAR

Muitas pessoas se mostram resistentes ao ouvir a palavra *planejar*. Pode trazer uma sensação de falta de espontaneidade, uma imagem de passar incontáveis horas planejando refeições ou parecer entediante e frustrante. Talvez você não se veja como um planejador, mas isso não tem que ser algo doloroso. Pense nisso como ficar empolgado com algo, se preparar para isso e aproveitar ao máximo os dias de seu trabalho e sua vida!

Ao longo das primeiras partes deste livro, compartilhei muitas táticas, desde como elaborar listas até refinar sua agenda e configurar seus dias. Falamos sobre *o que, quando* e *como* fazer as coisas, mas a única forma de tornar isso mais eficiente é planejar com antecedência. Tão importante quanto qualquer tática, ferramenta ou estratégia em si é a forma *como* você a executa. Executar sua lista de afazeres é a parte *Conclusão* dos *5 Cs da Produtividade*, e potencialmente a mais importante! A melhor maneira de ter certeza de que você está concluindo todos os ciclos quando diz que vai fazer isso é planejar — ponderar bem, preparar para ação — *com antecedência.*

Planejar é muito mais do que anotar coisas ou apenas olhar para a frente. É um exercício de energia. É vital para a intenção. Planejamentos de último minuto — um esforço "no dia" — é a receita para o desastre. Planejar e preparar de antemão são as chaves para o sucesso, porque planejar é a ligação direta com o Você do Futuro. É por isso que tirar alguns minutos para preencher um Planejamento Hora a Hora *na noite anterior* faz toda a diferença.

Todo dia começa na noite anterior.

PLANEJAMENTO HORA A HORA

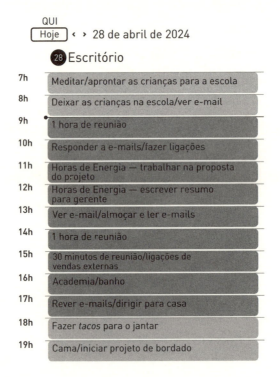

HORA DE ABSORVER

Qualquer um pode decidir às 4 horas da tarde que quer jantar frango. Claro, você pode temperar e jogar na grelha. Mas e se você tivesse planejado isso na noite anterior para já deixar marinando da sua forma preferida até a hora de grelhar? Planejar as refeições com antecedência as deixa muito mais saborosas. Só um pouquinho de intenção e um ou dois passos de preparação fazem uma grande diferença no fim do produto. Além do mais, enquanto ele fica na marinada o dia todo, você pode ficar na expectativa e sonhar com a delícia que vai comer à noite. As férias não seriam tão divertidas se eu dissesse para você: *"Ei! Você viaja hoje à noite, faça suas malas!"*, em vez de *"Ei! Você vai para Fiji daqui a um mês!"*. No último exemplo, você consegue comprar novos trajes de banho, dá uma olhada nas fotos de Fiji, planeja seu passeio para fazer snorkel e se empolga com tudo isso. Ainda que haja valor em uma viagem espontânea, a empolgação tem mais tempo para crescer quando você planeja férias com antecedência. As coisas são simplesmente mais ricas quando há planejamento envolvido — quer seja um jantar, as férias ou o seu dia.

Planejar acrescenta valor às tarefas ao permitir que elas sejam *absorvidas*. No Capítulo 3, conversamos sobre a Lista Diária e como ela pode ser útil para refinar o que você precisa fazer. No entanto, muito do valor dessa lista está ligado ao fato de elaborá-la na noite anterior. Ela prepara você para o dia seguinte, dando-lhe dez ou doze horas para se preparar mentalmente para o que vai fazer. Se eu adicionar um item à minha programação hora a hora para o dia seguinte às 10 horas, já sei que vou trabalhar nisso nessa hora. Eu me deparo com muito menos resistência às 9h59, momento de fazer a transição para essa atividade. Já me preparei para isso. Já me acostumei com a ideia de que vou trabalhar em determinada coisa e, talvez, até tenha pensado em algumas ideias que gostaria de aplicar a essa tarefa. Planejar é outra maneira de ultrapassar o muro da resistência de começar algo. É uma forma sem surpresa alguma para que seu cérebro faça a transição para a atividade seguinte, porque ele já se planejou para isso.

A programação de reuniões funciona de maneira similar a uma marinada. Digamos que amanhã você tenha uma reunião individual para conversar com seu gerente. Você gostaria de trazer à mesa uma visão mais ampla sobre carreira. Seu gerente acha que é uma reunião normal de negócios, em que você vai passar atualizações de *status* dos seus projetos. A reunião começa. Você apresenta a conversa sobre carreira a ele. Seu gerente pode até fazer a transição para esse bate-papo, mas a energia dele estava em um lugar *completamente* diferente, então ele precisa mudar de assunto. Você perdeu a janela para fazer dessa a melhor conversa possível. Isso poderia ter sido resolvido com uma programação. Seu gerente não apenas teria se preparado para vir com a energia certa para a reunião, mas talvez até trouxesse pensamentos e ideias sobre sua carreira e coisas que ele queria dizer que vieram à sua mente com antecedência.

QUANDO VOCÊ VIR *X*, PLANEJE-SE PARA *Y*

Outra boa maneira de adquirir o hábito de planejar é usar a fórmula *quando vejo x, me planejo para y*. Isso faz seu cérebro dizer: *sempre que eu vejo isso em algum lugar, associo uma tarefa de planejamento para me certificar de que estou preparado para ela.* Aqui estão alguns exemplos que uso:

- Quando vejo o convite para uma reunião, só o excluo da minha caixa de entrada depois de ter bloqueado algum tempo para me preparar.
- Quando vejo o prazo de um projeto, na mesma hora confiro se reservei tempo de trabalho para concluí-lo e incluo esse prazo na minha Lista Principal.
- Quando recebo um convite para uma festa de aniversário ou um evento, respondo na hora, mas deixo o convite à mostra até ter comprado o presente.
- Quando fico sem um item na cozinha ou na despensa, deixo a embalagem vazia na bancada até acrescentá-la à minha lista de mercado para não me esquecer de repor.
- Quando recebo um presente ou uma carta bonita, guardo a caixa ou o envelope até me lembrar de escrever um bilhete de agradecimento.

Dependendo do seu cargo ou de suas tarefas, você pode personalizar essas coisas para criar gatilhos de planejamento onde precisa deles.

QUANTO MAIS VOCÊ PLANEJA, MAIS FÁCIL FICA

Planejar vai ficando mais fácil à medida que você vai fazendo. Se planeja um cardápio toda semana, você começa a entrar em um ritmo com suas receitas favoritas: quais ingredientes costuma usar, o que não tem em estoque, quanto tempo leva cada receita. O mesmo se dá com o planejamento do trabalho. Depois que planeja algumas vezes, você começa a descobrir quanto tempo as tarefas levam, qual o melhor momento para realizá-las e o que fica no caminho. Você começa até a perceber suas ciladas: "Sei que o Eu do Futuro vai ficar irritado se eu não separar tempo extra para me aprontar ou não fizer uma preparação mental antes dessa reunião, então, vou me certificar de fazer isso". Ou: "Sei que o Eu do Futuro fica esgotado depois dessas reuniões que duram o dia todo, então vou planejar para sempre ter uma noite tranquila depois disso". Você começa a confiar no seu planejamento e a não precisar depender da memória. Isso dá à sua mente mais chance de relaxar e ter novas ideias, porque ela não está apegada a tudo que você precisa fazer e quando. Planejar abre caminho para novos ciclos ao liberar aquele espaço e cria uma confiança tranquila de que você vai fazer as coisas certas.

Planejar não é uma atividade a ser temida ou evitada. É algo essencial que, quando feito do jeito certo, nos energiza, empolga e leva até o futuro. Isso para não falar em como planejar costuma nos poupar tempo a longo prazo (como no exemplo do Capítulo 3, de poupar tempo na ida até o mercado ao elaborar com antecedência uma lista). Planejar é um dos melhores presentes que o Você de Agora pode dar ao Você do Futuro. O futuro que você planeja — amanhã, ou semana que vem, ou ano que vem — também envolve outras pessoas, e, no local de trabalho, *outras pessoas* significa *reuniões*.

PRÁTICAS DE PRODUTIVIDADE

- Elabore suas Listas Diária e Semanal *antes* que o dia ou a semana comece e veja como isso altera sua mentalidade ao iniciar o dia.
- Elabore alguns gatilhos de *quando vejo x, planejo y* que criam o hábito de construir o tempo de que você precisa ou as coisas que você precisa fazer *antes* que elas aconteçam.
- Pratique fazendo planejamentos durante algumas semanas e veja a tremenda diferença que isso causa em sua energia, procrastinação e intenção.

Capítulo

13

TORNE AS REUNIÕES REUNITIVAS

E se eu pedisse a você que passasse 23 horas do seu tempo — quase um dia inteiro — fazendo algo na próxima semana e dissesse que pode ou não ser um bom uso do seu tempo? É provável que você não se comprometesse com a tarefa — pois são muitas horas para dedicar a algo.

Uma pesquisa da *Harvard Business Review* em 2017 descobriu que executivos passam uma média de *23 horas por semana* em reuniões, enquanto que em 1960 eram dez.[1] Um artigo da *Sloan Management Review* do Instituto de Tecnologia de Massachusetts (MIT) relatou que, enquanto o trabalhador médio passa apenas seis horas por semana em reuniões (virtuais ou presenciais), supervisores dedicam mais tempo a elas do que aqueles que não têm esse cargo, e o tempo que as reuniões demandam aumentam de maneira exponencial à medida que a pessoa sobe na hierarquia.[2]

Não importa quanto tempo você gasta em reuniões, elas deveriam ser um *excelente* uso do seu tempo. Quando a qualidade da reunião aumenta, os funcionários ficam mais felizes e satisfeitos com o trabalho (um estudo de 2010, publicado pelo *Human Resource Management Journal* descobriu uma correlação direta entre satisfação com reuniões e satisfação com o trabalho).[3] Aqui estão algumas questões para se pensar, quer você mesmo esteja organizando reuniões ou apenas comparecendo a elas.

VOCÊ PRECISA DE UMA REUNIÃO?

O primeiro passo é parar e perguntar: *é mesmo necessário fazer uma reunião?* Muitas delas poderiam ter sido e-mails ou conversas. Elas têm um alto custo de tempo e recursos, porque você está pagando muita gente para estar no mesmo espaço ao mesmo tempo.

Pense em uma reunião com dez pessoas em que todas estão em um círculo e dão atualizações com três minutos de duração a respeito de sua semana. É algo que poderia ter sido realizado se essas dez pessoas enviassem três tópicos sobre sua semana em um e-mail combinado, o que teria tomado cinco minutos ou menos de leitura dos indivíduos, cada um em seu próprio tempo. Uma reunião sobre isso são 25 minutos a mais do tempo de todo mundo para o mesmo resultado final!

Há também os custos de oportunidade. Usando a mentalidade de compensação que vimos no Capítulo 2, dizer *sim* para uma reunião é dizer *não* para outra coisa. Toda vez que você dedica tempo a uma reunião, está dedicando tempo a *não* fazer outra coisa. É sempre bom se certificar de que comparecer a uma reunião é a melhor forma possível de usar seu tempo naquele momento. Do contrário, provavelmente não vale a compensação.

A REUNIÃO ATENDE AOS REQUISITOS DO PAR?

Se ficou decidido que a reunião deve acontecer, você vai querer se certificar de que ela está nos conformes com o PAR:

P: Propósito — Por que a reunião está acontecendo e de qual tipo é?

A: Agenda — Marque e divulgue com antecedência uma agenda para ajudar os outros a se prepararem e determinarem se são necessários.

R: Resultado — Defina como seria uma conclusão bem-sucedida da reunião e faça o acompanhamento com anotações e itens de ação claros.

Propósito: Toda reunião deve ter um propósito que deve ser compartilhado com os participantes com antecedência. Em um dos meus livros favoritos sobre produtividade, *Meetings Suck: Turning One of the Most Loathed Elements of Business into One of the Most Valuable*,[4] o autor Cameron Herold discute três tipos de reunião:

- *Compartilhamento de informação*: para cima ou para baixo, não necessariamente para discussões, feedbacks ou decisões, apenas para deixá-lo ciente.
- *Discussão criativa*: ou brainstorming. Reunir-se para trazer à tona um grupo de ideias, uma resposta a uma situação ou uma nova estratégia. Nenhuma decisão necessariamente vai ser tomada.

- *Decisão por consenso*: algo vai mudar depois do término da reunião com base no que foi decidido lá.

E eu gostaria de acrescentar um quarto tipo:

- *Conexão*: em especial na era do trabalho virtual, remoto e híbrido, às vezes, o único propósito de uma reunião é se conectar.

Reuniões podem ser (e, em geral, são) uma combinação dessas coisas, mas classificá-las ao marcá-las pode ajudar você e os outros participantes a decidirem o que é importante considerar antes e depois. O propósito de uma reunião é abranger mais de uma dessas categorias e deveria sempre ser claramente comunicado aos participantes.

Agenda: como você já viu no Capítulo 11, só compareço a reuniões que contam com uma agenda — e por um bom motivo. Há mais benefícios em uma programação do que apenas saber sobre o que vamos falar. Entre os efeitos positivos, estão:

- As pessoas que pensam à frente (em vez de pensar na hora) estão comprometidas e tiveram uma chance de processar.
- As pessoas vêm com ideias e com a energia certa.
- O tempo é maximizado e o desperdício de tempo é evitado. Os presentes sabem quanto tempo têm.
- Os participantes podem optar por não ir ou enviar representantes com base no conteúdo, para que as pessoas certas sempre estejam na sala.

- A energia é canalizada para o lugar certo, e todos estão com a mentalidade adequada para discutir os itens da agenda.
- Os participantes vêm preparados e estão sintonizados, já que os materiais de leitura ou revisão de que precisam foram enviados com antecedência.
- A agenda é um ótimo momento para dar um último impulso a itens de ação pendentes e manter as pessoas responsáveis.

Título da reunião
Participantes (opcional)

Propósito(s):
(Selecione entre Compartilhamento de informação, Tomada de decisão, Brainstorming ou Conexão)

Pré-trabalho ou Documentos para preparação
(Avise aos participantes qual é a expectativa de duração desse passo, por exemplo, 8 min. de leitura)

Desfecho pretendido
(Como seria uma conclusão bem-sucedida da reunião?)

Agenda:
- Revisar os itens de ação da última reunião (se aplicável)
- Agenda item 1 — dono (tempo alocado, por exemplo, 10 min.)
- Agenda item 2 — (tempo alocado, por exemplo, 10 min.)

Resultado:

Anotações:
_____
_____
_____

Acompanhamento/itens de ação:
- Item de ação (Designe um dono)
- Item de ação (Designe um dono)
- Item de ação (Designe um dono)

O modelo de agenda que acabamos de ver também pode ser encontrado no meu site. Diante de todos os efeitos positivos de uma agenda, não consigo pensar em um único que seja negativo. Sugiro começar pelo modelo que criei para os Googlers, que passou a ser muito utilizado.

Resultado: provavelmente a parte mais importante de uma reunião seja o resultado. *Como seria uma conclusão bem-sucedida dessa reunião?* Se for bem-sucedida, o *Desfecho pretendido* (listado no modelo anterior) vai ser igual ao *Resultado*. Muitas pessoas agendam reuniões só porque acham que é o próximo passo. No entanto, se o responsável pela reunião não parou para vislumbrar como seria o resultado bem-sucedido dela, ele ainda não deveria pedir a outras pessoas que cedam o próprio tempo. Quando uma reunião chega a um resultado bem-sucedido, isso deve ser claramente comunicado aos participantes:

- Decisões ou conclusões feitas são claramente reafirmadas nos comunicados de acompanhamento ou fechamento (incluindo *como* e *por que* a decisão foi tomada para todos que não estavam presentes).
- Os passos e itens de ação seguintes são claramente estabelecidos e comunicados com prazos.
- Quaisquer anotações, gravações ou transcrições que precisam ser compartilhadas são enviadas para convidados que não compareceram ou que eram opcionais.

Se você está pensando em organizar uma reunião, certifique-se de que ela está de acordo com o PAR antes de marcá-la. Se você faz parte de uma reunião que não atende aos critérios do PAR, não tem problema pedir, com gentileza, que seja enviada uma agenda ou que seja definido um propósito.

> Se um indivíduo comparece a uma reunião e
> fica no próprio laptop o tempo todo,
> ele provavelmente não precisava estar ali.

QUEM DEVERIA COMPARECER?

Como organizador da reunião, você deve ter em mente o menor número possível de participantes para alcançar o objetivo da reunião. Cada pessoa convidada deve acrescentar valor, obter valor ou ambos. Sugiro fazer uma lista de convidados *desconfortavelmente pequena* a princípio, porque isso impulsiona o argumento de que você deveria começar buscando o número de convidados mais limitado possível. Faça disso seu ponto de partida e, depois de elaborar sua lista original, continue a avaliar se mais convidados são necessários para realizar o trabalho. Tipos diferentes de reunião pedem tamanhos diferentes de grupo. Tenha como foco incluir apenas as pessoas que estarão ativamente comprometidas. As demais que gostariam de saber o que aconteceu podem ler anotações de acompanhamento/resumos e obter a mesma informação.

Se você não tem certeza de qual membro de uma equipe deva comparecer, pergunte primeiro. Você também pode acrescentar determinados indivíduos como *opcionais*. Já que você vai enviar uma agenda clara e definida, qualquer um na lista de convidados será capaz de discernir se é a pessoa certa para comparecer ou acrescentar alguém que seja. Usar o recurso do convidado opcional permite que as pessoas optem por não participar e evita o dilema de *Sinto que devo chamar essa pessoa, então vou fazer isso* e o de *Sinto que devo ir porque me chamaram.*

É particularmente importante que reuniões de tomada de decisão sejam pequenas. Em *A organização que decide: cinco passos para revolucionar o desempenho de sua empresa*, uma pesquisa feita pelos autores Marcia Blenko, Michael C. Mankins e Paul Rogers, confirma a sabedoria convencional de que, quando se tem sete pessoas em uma reunião, cada pessoa a mais reduz a eficácia em 10%.[5]

Comparecer a uma reunião não é motivo de orgulho. Certifique-se de que sua linguagem e suas ações reflitam isso. Equilíbrio e limites são o novo ocupado. Se você incluiu todos os temas importantes na agenda de uma reunião e alguém recusa, *respeite*. A pessoa decidiu que não é a convidada certa ou que não é o melhor uso de seu tempo, e você deveria se sentir empoderado a fazer o mesmo.

QUANTO TEMPO?

Assim como deve começar fazendo uma lista de convidados desconfortavelmente pequena, você deve ter como foco um período de reunião *desconfortavelmente curto*, ao menos a princípio. Nossa tendência é fazer reuniões mais longas do que o necessário, então, ao começar com o objetivo de torná-las mais curtas, elas vão acabar ocorrendo na quantidade certa de tempo. A Lei de Parkinson é a ideia de que o trabalho se expande para preencher o tempo reservado para ele, e com as reuniões não é diferente. Todos já estivemos em uma reunião que tinha sido programada para durar uma hora, e a agenda definida se encerra por volta de 47 minutos. Então, alguém traz à tona um item que foge ao tema e acaba desviando a conversa, e, antes que você se dê conta, a reunião já se estendeu em dez minutos! É isso que você evita ao manter as reuniões curtas e objetivas.

Como meia hora parece ser um tempo-padrão de reunião, e *The Office*, da NBC, é um sitcom muito famoso com meia hora de duração, gosto de usar a Regra *The Office* ao marcar reuniões. Olho a programação e penso: *preciso usar um episódio inteiro de* The Office, *incluindo comerciais, para falar sobre o conteúdo dessa programação?* Se for um item único, a resposta em geral é *não*. Meia hora é bastante tempo para falar sobre uma única coisa.

Não tenha medo de marcar reuniões de quinze e 45 minutos, que podem fazer uma grande diferença na sua agenda. Cortar a duração de quatro reuniões semanais de uma hora para 45 minutos devolve uma hora do seu tempo. Se você tem reuniões recorrentes, é importante considerar cada uma delas de modo individual: se em uma semana há muito a se conversar, mantenha a hora reservada. Mas, se na semana seguinte há menos na agenda, não tenha medo de abreviar a reunião ou pedir ao organizador que faça isso. Se você for o organizador, é possível ganhar respeito ao cancelar e encurtar reuniões quando for apropriado. Isso sinaliza para os outros que você está extremamente ciente de que está usando o tempo deles. Se alguém aparecer em uma reunião sua que já está em andamento e dizer: *bom, não temos muito a discutir hoje, mas, já que temos esta hora na programação, pensei em conversarmos sobre…*, é garantido que os outros não vão respeitá-lo nem comparecer com tanta frequência a uma reunião sua.

TORNE AS REUNIÕES REUNITIVAS • 181

COM QUE FREQUÊNCIA?

A única maneira de saber, de verdade, com que frequência se deve fazer uma reunião é estabelecer certa cadência ou recorrência, verificar depois de um tempo e ver se está funcionando. Muitas pessoas se esquecem de verificar. Elas agendam algo semanalmente e isso segue para sempre, elas quase nunca param para se perguntar se o ritmo semanal é adequado. Talvez a reunião ocorra com tanta frequência ou haja tantas reuniões *ad hoc* acontecendo em paralelo porque as conversas regulares de verificação não têm frequência suficiente. Por outro lado, talvez a reunião seja feita com muita frequência e, dessa forma, não há programação suficiente, então poderia haver mais tempo entre uma ocorrência e outra. Assim como na história da Cachinhos Dourados, é melhor testar para descobrir se uma reunião é muito espaçada, muito frequente, muito longa ou muito curta até encontrar a ideal.

Uma forma de se livrar de toda essa especulação é limitar o número de recorrências que você tem ao iniciar qualquer série de reuniões. No começo, decida começar programando apenas cinco ocorrências dessa reunião. Ao fim disso, você vai ser obrigado a reavaliar (com a mentalidade do calendário base zero) e remarcar a reunião com cadência e duração iguais ou diferentes, ou cancelar a reunião, se for apropriado. Se essa cadência funcionar, ótimo! Continue assim. Se perceber que a reunião estagnou ou poderia ser mais curta, faça a mudança!

Depois de estabelecer a frequência, mantenha a reunião *reunitiva*. Digamos que você tenha uma conversa de verificação semanal com uma pessoa, mas, ao longo da semana, você envia mensagens ou manda e-mails para ela sempre que tem uma ideia ou surge uma pergunta fora de hora, em vez de acrescentar essas coisas à agenda da conversa. Dessa forma, você desvalorizou o motivo e a qualidade da reunião. Não é mais um lugar de referência para você se conectar com aquela pessoa. Por causa de seus e-mails e mensagens frequentes ao longo da semana, é provável que não haja muito a se discutir na reunião semanal de verificação. Da mesma forma, se você tem uma reunião semanal de atualização com sua equipe, mas também enche a caixa de entrada deles com atualizações, você solicitou uma parte semanal do tempo deles e agora está solicitando espaço na caixa de e-mails. Honre a cadência que você escolheu e, quando possível, guarde os comunicados que podem esperar até a reunião, para aumentar seu valor.

ACOMPANHAMENTO

O acompanhamento pode ser diferente para cada tipo de reunião, mas precisa ter a ver com o tipo de cada uma. Não sou a melhor em *fazer anotações precisas, palavra por palavra*, porque, sinceramente, quem é que lê isso? Resumir pontos-chave com tópicos, links para plataformas importantes e itens de ação claros e com prazos são mais importantes.

Aqui estão orientações gerais para o acompanhamento de cada um dos quatro tipos de reunião que discutimos:

Compartilhamento de informações: o acompanhamento deve incluir qual informação foi compartilhada e quaisquer links ou informações para instruções adicionais que precisem acontecer.

TORNE AS REUNIÕES REUNITIVAS • 183

Discussão criativa (ou brainstorming): o acompanhamento deve entregar um resumo do que foi discutido, um lugar para enviar ideias adicionais, se ocorrer alguma após a reunião (isso acontece muito!), e se a decisão vai ser tomada com a informação discutida, quando e como isso será feito.

Decisão por consenso: o acompanhamento deve incluir qual decisão foi tomada e como e quando quaisquer mudanças entrarão em vigor. Isso evita conversas em demasia depois de uma reunião ou confusão a respeito de como e quando uma decisão foi tomada.

Conexão: o acompanhamento deve reafirmar qualquer coisa discutida, solidificar conexões, se o objetivo era networking ou exploração de oportunidades, e possivelmente definir uma data para a próxima conexão.

Se você receber um acompanhamento ou item de ação de uma reunião, acrescente-o na hora à sua Lista-funil. Se o prazo for até o fim do dia, encontre uma lacuna para ele em sua Lista Diária. Se for até o fim da semana, coloque-o em sua Lista Semanal do momento. Se o prazo vai além de uma semana, acrescente-o à sua Lista Principal com um prazo e encontre tempo para isso nas semanas seguintes!

É UM EXCELENTE USO DO TEMPO?

Se você organiza uma reunião (ou até mesmo se for um participante), é sua responsabilidade fazer dela um *excelente* uso do tempo de todos. Se estiver em uma reunião que não seja um ótimo uso do seu tempo, você tem a responsabilidade de (com educação!) desafiar o criador e sugerir alterações. Também pode oferecer seu tempo e esforço para fazer a reunião transcorrer com mais fluidez, um ato que, em geral, qualquer organizador de uma reunião agradece.

A melhor reunião a que já compareci no Google foi um encontro semanal de um produto organizada por um gerente e que incluía todo o pessoal multifuncional que trabalhava nele. Aqui estão algumas coisas que a tornaram tão boa a ponto de eu me lembrar dela até hoje, doze anos depois:

- A reunião começava *exatamente* na hora, com uma curiosidade, uma dica ou uma gratificação do Google que não estava incluída nas anotações de acompanhamento. As pessoas *corriam* para chegar na hora certa para a reunião (até mesmo participar pelo laptop se não pudessem ir até a sala de conferência!), só para ouvir.
- Os participantes recebiam dois dias antes uma programação com o que seria discutido, pré-leituras e preparações. Se os itens da agenda não fossem até o fim da hora reservada, a reunião era encurtada. Se a programação não fosse o suficiente para justificar a reunião, ela era cancelada naquela semana.
- No começo de cada reunião, presumia-se que todos tinham acessado as pré-leituras, e não repassávamos a informação ou os slides que deveriam ter sido lidos. (Se um participante não tivesse lido da primeira vez, logo ele percebia que já saía atrás na reunião e nunca mais pulava o trabalho prévio!)
- Toda semana, o primeiro item da programação era verificar o progresso dos itens de ação designados na semana anterior. Não

tenho como descrever como isso tornava as pessoas responsáveis. Ao receber um item de ação na semana anterior, você *sabia* que fariam perguntas logo no começo da semana seguinte, então já começava a trabalhar naquilo de imediato. As pessoas queriam ter uma boa atualização para passar na frente de todos!

- Havia um cronômetro na sala que disparava quando restava um minuto do tempo reservado para os participantes na programação. Não havia interrupções constrangedoras para cortar o apresentador. Todo mundo ouvia o cronômetro e sabia o que isso significava.

Eu sempre ficava ansiosa para essa reunião porque sabia que *nunca* era perda de tempo. Ela corria como uma máquina bem lubrificada, e o gerente de produtos era respeitado por isso. O produto prosperou por esse motivo. É um exemplo brilhante de uma verdadeira reunião de excelência.

NÃO TENTE ADIVINHAR... PERGUNTE!

Digamos que você tenha organizado uma reunião e esteja se perguntando se ela está longa ou curta demais, com muita ou pouca frequência, ou se os participantes acham que é um bom uso de seu tempo. Em vez de conjecturar, é mais fácil perguntar! Envie uma pesquisa ou questionário anônimo de avaliação e veja o que as pessoas dizem sobre a reunião "pelas costas". Muitas vezes, está alinhado com o que você estava pensando. Você já queria encurtar a reunião de equipe, mas sentia que seu time não achava que tinha tempo suficiente com você. Enquanto isso, eles estavam torcendo para que você a abreviasse. Torne um hábito avaliar qualquer reunião sua e também dê um feedback sincero quando perguntarem a você sobre alguma reunião da qual participou.

Reuniões podem consumir muito tempo, mas podem ser um bom uso de tempo se correrem bem. Se você é o organizador, pense em coisas como agenda, acompanhamento, oportunidade, quem deveria participar, qual a frequência e quanto tempo deve levar. Se está participando de uma reunião, pense nessas mesmas coisas e dê um feedback para o organizador. Todo mundo respeita alguém que quer usar seu tempo (e o dos outros) com sabedoria. Ao controlar suas reuniões, você controla seu dia de trabalho.

Estabelecer prioridades, aprender a dizer não para coisas que roubam seu tempo, entender o próprio fluxo de energia, aprender a organizar sua agenda e maximizar a qualidade de suas reuniões são blocos de base fundamentais para seu tempo de produtividade. Nos capítulos anteriores, discutimos uma abundância de táticas e ferramentas novas para fazer tudo isso acontecer. As ferramentas que você usa todo dia podem, com um pouquinho de personalização, se transformar em ferramentas poderosas.

PRÁTICAS DE PRODUTIVIDADE

- Antes de marcar uma reunião, pergunte-se se ela está de acordo com o PAR e, caso esteja, que tipo de reunião é.
- Atente-se a quem participa da reunião, com que frequência e por quanto tempo. Veja se o número de participantes, recorrências ou duração da reunião podem ser reduzidos.
- Mantenha as reuniões "reunitivas" ao centralizar coisas na agenda quando possível, em vez de iniciar outro modo de comunicação.
- Verifique com frequência reuniões que você organiza e reuniões recorrentes para ver se elas têm a cadência e a duração certas. Envie uma pesquisa e avalie.
- Elabore um modelo de agenda e acompanhamentos primoroso para a reunião.

Capítulo
14

TRANSFORME SUAS FERRAMENTAS EM FERRAMENTAS PODEROSAS

Na Introdução, falei sobre o fato de a produtividade ser geralmente vista como *eficiência*: quanto você consegue fazer no menor tempo. Produtividade tem uma definição mais ampla; já eficiência é, sem dúvida, parte dela. Sua habilidade de fechar ciclos de modo perfeito e o mais rápido possível afeta quanto você consegue fazer de modo geral.

Muitas pessoas se fiam em ferramentas, como aplicativos e diferentes programas e plataformas, para preencher lacunas de produtividade. Ferramentas são algo ótimo e, sem dúvida, podem melhorar o fluxo de trabalho, mas é a combinação da *intenção* por trás das ferramentas com o *conhecimento da forma como usá-las bem* que as torna um ganho para a produtividade.

Em uma das minhas sessões de orientação, mostrei a uma pessoa que usava o Gmail para trabalho havia doze anos como mudar a cor dos marcadores das mensagens. Nós "ressaltávamos" os e-mails de seus superiores que ele precisava ver ao destacá-los com vermelho-vivo. Acrescentamos outra cor para marcar e-mails que

188 • PRODUTIVIDADE SAUDÁVEL

vinham de fora da empresa, para que ele pudesse priorizar com facilidade os e-mails de vendas. Ele ficou muito empolgado de ter aquela nova forma visual de ver o que estava acontecendo em sua caixa de entrada. Enquanto isso, eu só conseguia pensar em como teria sido útil para ele ter aprendido isso mais cedo e ter doze anos a mais de e-mails codificados por cores!

PASSE UM TEMPO NAS CONFIGURAÇÕES

Há nove anos, envio um e-mail semanal para mais de 50 mil Googlers com uma dica sobre como ser produtivo no Google Workspace: os aplicativos de comunicação e colaboração usados por bilhões de pessoas, incluindo Gmail, Google Chat, Agenda, Drive, Documentos, Planilhas, Meet e mais. Minhas dicas, que agora podem ser encontradas no canal do YouTube do Google Workspace, vão desde criar um evento no Google Agenda diretamente do Gmail até usar imagens em uma pergunta no Formulários Google. A ideia é que sejam dicas rápidas e úteis para poupar tempo. Recebo e-mails de centenas de pessoas que seguem essas dicas há anos me dizendo como economizaram tempo e quanto isso impulsionou sua produtividade. Também recebo muitos e-mails perguntando: *como você descobriu essas coisas?*

Hoje faço parte do desenvolvimento de muitos desses recursos, colaborando com os times de produto e recebendo uma notificação com antecedência do lançamento deles. No entanto, nos primeiros anos, descobri todas as minhas dicas nas configurações.

As configurações de qualquer produto ou ferramenta estão ali por este motivo: para fazer você *configurar* seu sucesso. Para personalizar, aprimorar seu fluxo de trabalho, *dominar* a ferramenta. Muitos desses recursos são ignorados porque simplesmente não dedicamos tempo às configurações para descobrir o que elas são. Para cada produto que você utiliza uma vez por semana ou mais — desde sua TV ou máquina de lavar até seu e-mail ou programas de bate-papo —, você deveria passar mais de vinte minutos vasculhando as configurações para ver o que ele pode oferecer.

Meu sogro enche a lava-louças com uma precisão incrível. Não dá para acreditar em quantos pratos ele consegue encaixar, e todos saem limpos. Parece um design cuidadosamente selecionado toda noite. Ele coloca as tigelas e os pratos virados em determinada direção, os copos alinhados em ângulos praticamente perfeitos. Nem um centímetro fica inutilizado ou é desperdiçado. Perguntei como ele aprendeu a fazer isso tão bem, e dá para adivinhar a resposta. Ele leu as instruções do fabricante sobre como encher a lava-louças. Quem faz isso? Quase ninguém. Mas e se todos nós fizéssemos? As noites seriam muito mais fáceis ao encaixar mais pratos e retirá-los todos limpos. Que pequeno investimento inicial para uma tremenda recompensa diária.

> Passar vinte minutos nas configurações é o que transforma a ferramenta em algo poderoso.

E se fizéssemos isso com todas as ferramentas de trabalho — como e-mail, programa de bate-papo e agenda? Poderíamos saber tudo sobre como personalizar as notificações em nossos dispositivos móveis para ver apenas o que quisermos e quando quisermos, e sobre como codificar com cor, marcador, e descobrir do que precisamos. A maioria utiliza constantemente essas ferramentas sem explorar por completo suas funcionalidades e acaba restringindo o próprio uso todo dia sem saber como elas podem ser mais poderosas.

PERSONALIZE O QUE VÊ OU NÃO VÊ

Falaremos mais a respeito disso no próximo capítulo, mas um grande motivo para fazer seus produtos trabalharem para você é garantir que eles não trabalhem *contra* você. Às vezes, as ferramentas e os programas de produtividade podem, sem querer, reduzir sua produtividade ao distrair você com notificações. Há inúmeras oportunidades para como e quando você pode receber uma notificação de algo que requer sua atenção. Qualquer coisa que distraia você por um segundo ou mais mina a capacidade geral de seu cérebro, mesmo que você não abra a notificação ou a siga — ainda assim, ele consome um pouco daqueles pontos de energia. Isso vai se acumulando.

Certifique-se de estar aproveitando qualquer personalização que permita controle do que você vê, principalmente nos dispositivos que estão com você o tempo todo. No celular, é possível controlar quais ligações ver, em que momentos seu telefone toca, o horário em que toca e o volume e o timbre do toque. O mesmo vale para notificações de e-mail ou mensagem. Considere configurar uma compilação de notificações ou personalizá-las para ver mensagens imediatas apenas no horário de trabalho. Descubra como ser notificado se *determinadas* pessoas mandarem um e-mail, mas não qualquer pessoa. Você pode configurar uma hora para receber as principais manchetes uma vez ao dia, em vez de receber uma atualização cada vez que há um novo alerta ao longo do dia. Eu limito o uso de aplicativos de redes sociais no celular para apenas uma hora por noite (até pedi a meu marido que controle a senha e a altere, para eu não cair em tentação!). Todas essas pequenas mudanças dentro das configurações de um produto ajudam a criar um espaço mental mais limpo para a criatividade e a abertura de ciclos, evitando conversas fiadas constantes.

TORNE PESSOAL

Além de personalizar configurações, personalize o design! Você vai ficar muito mais propenso a manter a organização e a administração de algo se for de seu interesse. Há mais motivação para fazer a cama quando você ama o edredom! É mais interessante olhar seu e-mail quando você alterou a imagem de fundo para sua foto de praia favorita. Codificar suas pastas com cores em um sistema de gerenciamento de arquivos deixa a coisa mais visualmente interessante. Certa vez, trabalhei com um executivo que ficou animadíssimo porque ensinei a ele como adicionar um emoji de avião ao lado de todos os voos em seu calendário virtual e uma bola de tênis nos eventos indicando as partidas de tênis da filha. Quando você olha para suas ferramentas, programas, e-mail, mesa e agenda várias vezes ao dia, encontrar coisinhas visualmente agradáveis faz toda a diferença.

Tom Oliveri, vice-presidente da equipe do CEO no Google, recebe uma infinidade de coisas todo dia. E-mails, listas, apresentações para revisar e decisões a tomar. Acontece que ele também ama *burrito*. Sua assistente, Sarah, queria arrumar um jeito de chamar a atenção dele para indicar tudo que fosse mais importante. Então, quando a situação ficava mais caótica, ela enviava um e-mail para ele com uma única coisa no assunto: um emoji burrito 🌯. Como Tom adora almoçar *burrito*, ele achou engraçado. Virou algo divertido que chamava atenção e era significativo, mas ainda assim ajudava a chegar ao "isso é importante" com a equipe dele. Logo o e-mail passou a ser referenciado como "A lista do *burrito*", que traz uma sensação muito mais divertida do que "A lista de afazeres". Para Tom, essa pequena diversão e personalização de sua ferramenta fez diferença no dia e no fluxo de trabalho. Tirar um tempo para descobrir e personalizar seus fluxos de trabalho dessa maneira rompe com a banalidade e ajuda você a firmar com uma ferramenta ou sistema.

EXPLORANDO O PODER DA IA PARA DEIXAR O TRABALHO MAIS ÁGIL

Não é segredo que a Inteligência Artificial (IA) já está transformando o mundo do trabalho e a maneira como realizamos as coisas. A IA generativa, que gera novos resultados com simples sugestões, já ajuda a escrever ou revisar e-mails e documentos, sintetizar informações e até criar imagens, vídeos e apresentações do zero. Minha abordagem usando IA generativa em uma solução como o Google Workspace é a mesma de entender suas configurações: desvende logo de cara o que as ferramentas podem fazer por você. Mas a IA não é infalível e funciona melhor quando é combinada com feedback humano. Então, talvez, você possa fazer uma experiência ao deixar sua IA generativa preferida tentar desenvolver a síntese ou a apresentação de slides de um projeto e depois forçar o feedback para aprimorá-la. Leia as configurações das suas ferramentas para descobrir de que forma a IA está integrada e quais sugestões você pode usar com ela. Em geral, depois de estabelecer um ponto de partida, é possível ajustar timbre, voz e duração com muita facilidade e, então, acrescentar os próprios toques manuais. No fim das contas, a IA não tem como substituir o talento, a criatividade e a sagacidade de pessoas reais, mas não há dúvida de que ela se tornou uma de nossas melhores ferramentas mais poderosas — se usada com ponderação —, e vai continuar aprimorando a produtividade nos anos vindouros.

PEGUE O ATALHO

Talvez o elemento mais óbvio de interação efetiva com seus dispositivos seja conhecer os atalhos para se virar mais rápido. As teclas de atalho, que permitem que você desempenhe ações comuns sem tocar no mouse, são heroínas anônimas do mundo da produtividade. Por exemplo, no Gmail, depois que os atalhos são habilitados nas configurações, simplesmente apertar *r* responde a um e-mail, e *a* responde a todos — isso é apenas um entre muitos. Todo programa tem teclas de atalho, e elas podem poupar segundos, senão minutos, em ações comuns. Um cálculo feito pela plataforma de educação Brainscape[1] estimou que, ao aprender as teclas de atalho para suas principais ações diárias, é possível poupar até 64 horas — *oito dias de trabalho* — todo ano. Muitas pessoas que se sentam atrás de mim ou no meu cubículo me veem trabalhando e perguntam: *como você fez isso tão rápido? Como você muda de uma aba para outra sem pegar no mouse?* Minha resposta sempre é: *teclas de atalho!*

Comece por algo pequeno, como seu e-mail. Pense nas principais ações que você realiza em um dia (responder, responder a todos, excluir, arquivar). Descubra e pratique as teclas de atalho para essas principais ações. Até mesmo algo como aprender as teclas de atalho para abrir uma nova janela no navegador pode poupar minutos do seu dia, dependendo da frequência com que você faz isso.

Se quer pegar pesado, entre em um curso intensivo de teclas de atalho. Isso significa desabilitar o mouse, ou virá-lo de cabeça para baixo, ou deixá-lo longe de você. Toda vez que for tocar no mouse, use as teclas de atalho para abrir o menu de teclas de atalho e descubra como fazer o que quer usando uma tecla. Fiz uma aula sobre planilhas na Universidade da Carolina do Norte, em Chapel Hill. Eles desabilitavam nosso mouse na prova final, e tudo precisava ser feito por meio de atalhos. Decorá-los uma vez fez com que permanecessem comigo durante anos. Como eu uso planilhas diariamente, pense em todas as vezes que eles me salvaram ao longo de mais de uma década. Tudo porque dediquei um breve período àquela prova para aprender de verdade todos eles.

Por mais que essas dicas possam parecer de pouca relevância, eu não dedicaria um capítulo a elas se não soubesse, por experiência — própria e de milhares de pessoas com quem trabalhei —, a quantidade imensa de tempo que podem poupar e como essa economia permite que você siga adiante em um ritmo e nível de produtividade que antes era inimaginável. Não importa quanto você se mova rápido, distrações ainda podem aparecer pelo caminho. No próximo capítulo, vamos discutir como nos antecipar a distrações antes que elas surjam e como lidar com elas se aparecerem.

PRÁTICAS DE PRODUTIVIDADE

- Pense em algumas coisas que você usa todo dia, como telefone, e-mail e lava-louças. Passe vinte minutos fuçando as configurações para descobrir o que elas podem fazer por você.
- Personalize suas notificações e ferramentas para mostrarem apenas as coisas que você quer ver e quando quer ver. Vá além e torne-as algo que você considera visualmente agradável.
- Encontre de três a cinco ações principais nos produtos que você mais usa e aprenda as teclas de atalho para poupar tempo em suas atividades cotidianas.

Capítulo
15

ANTECIPE-SE ÀS DISTRAÇÕES

Se você identificou suas prioridades, arrumou tempo para trabalhar nelas, se certificou de dar conta delas em seu melhor momento do dia e no local certo e fez questão de conhecer bem suas ferramentas... As coisas vão ser realizadas, certo? Nem sempre. Entram as *distrações*. Como mencionei na introdução: fluxo + foco = tempo mais bem gasto. Depois de construir a bolha perfeita para realizar as tarefas, o tempo e a energia podem se apresentar, mas, a menos que também haja foco, não há como garantir o tempo de produtividade.

Mergulhar de cabeça no trabalho ou *trabalhar focado* são expressões populares que aludem ao mesmo estado: trabalhar sem distrações. Hoje em dia, pode ser difícil encontrar seu foco. Estamos fazendo um trabalho mental — e muitas vezes físico — em diversos locais. Estamos aprendendo a nos comunicar e colaborar em todos esses ambientes. E somos inundados com um fluxo constante de notificações, alertas e interrupções, muitas vezes oriundo da própria tecnologia que deveria nos ajudar a ser produtivos! Um estudo realizado pela Universidade da Califórnia, em Irvine, descobriu que leva em média 23 minutos e 15 segundos para recuperar o foco depois de uma distração.[1] Não é de admirar que achamos desafiador alcançar essa área de trabalho.

É difícil deixar uma distração de lado quando ela surge. Não dá para confiar em si mesmo para não interagir com toques, bate-papos, mensagens ou e-mails depois de vê-los — e tudo bem! O método mais fácil é fazer o máximo possível para *evitar* a entrada total de distrações em seu espaço de trabalho.

A melhor forma de lidar com uma distração
é antes que ela aconteça.

ESPAÇO DE TRABALHO À PROVA DE CRIANÇAS

Similar ao que foi dito no Capítulo 7, em que falamos sobre agir como seu próprio assistente, no que diz respeito a distrações, adote a visão distanciada e em terceira pessoa de seu próprio fluxo de trabalho. Penso nisso de *organizar o ambiente* para o trabalho sem distração como algo similar ao ato de deixar a casa à prova de crianças.

Imagine que você vai receber em sua casa uma criança pequena por uma semana. Essa criança tem idade suficiente para andar por aí e entrar em qualquer lugar, mas é pequena demais para entender instruções. Você tem três opções:

1. Não fazer nada para se preparar para essa visita. Ficar atrás da criança a semana inteira e vigiá-la bem de perto por causa de qualquer risco à segurança. *Não tire a faca da gaveta! Não ponha a mão na lareira aberta! Não coloque o dedo na tomada!* E assim por diante...

2. Determinar um cômodo ou área de segurança e permitir que a criança esteja estritamente nesse ambiente.

3. Deixar tudo à prova de criança! Tirar alguns minutos para fechar a grade da lareira, tampar as tomadas, trancar a gaveta de facas e remover quaisquer perigos do chão, dando à criança liberdade para explorar.

Veja que, por mais que a opção 3 exija um pouco mais de esforço logo de cara, ela torna a semana mais tranquila. A opção 2 é uma boa solução rápida, mas pode ser limitada e não realista, especialmente num período mais longo. A opção 1 parece exaustiva. Lá pelo terceiro dia, você já estaria completamente esgotado. O seu cérebro fica atento o tempo inteiro, esquadrinhando, vigiando, tentando pegar as coisas na hora e redirecionando — isso que é perder pontos de energia! Sem falar na probabilidade muito maior de algo arriscado acontecer.

O mesmo vale para a forma como você aborda o foco no trabalho. As opções correspondentes seriam:

1. Não fazer nada para se preparar para um bloco de trabalho de foco. Permitir acesso a todas as notificações, e-mails, pop-ups, mensagens e abas abertas. Trabalhar com o telefone perto de você. Torcer para que, se algo distraí-lo, você tenha a capacidade de se redirecionar na mesma hora (o que é improvável, com base em pesquisas).

2. Estabelecer um ambiente no qual você veja apenas o que está fazendo. Imprimir slides ou contratos que precisam ser revistos e fazer isso no papel. Usar um computador à parte que não tem wi-fi nem está conectado aos programas que

você costuma usar (aceitável para um breve período, mas nada realista a longo prazo).

3. Agir como seu próprio assistente. Tirar um tempo para preparar o terreno para ser bem-sucedido *antes* de seu horário de trabalho iniciar. Pensar em todas as coisas que podem distrair o Você do Futuro em seu bloco de trabalho. Usar o banheiro. Pegar um petisco. Encher a garrafa de água. Fechar ou minimizar todas as janelas e abas, a não ser as estritamente necessárias para o trabalho (chamo isso de *trabalho de uma aba*). Desativar notificações pop-up e se desconectar dos programas de bate-papo. Deixar o telefone em outro cômodo, a mais de vinte segundos de distância. (Em seu livro *O jeito Harvard de ser feliz: o curso mais concorrido da melhor universidade do mundo*,[2] Shawn Achor apresenta a regra dos vinte segundos para quebrar um hábito: se leva menos de vinte segundos para ser feito, é mais provável que você faça, e é menos provável se demorar mais do que isso. Então, certifique-se de que as coisas que você não quer que o interrompam estejam a mais de vinte segundos de distância.)

Como é possível ver, a opção 3 é a que prepara você para ser *mais* bem-sucedido por um período maior. Logo de cara, você pode quase entrar em pânico porque seu cérebro provavelmente está condicionado a preferir o "modo videogame" em nível de alerta máximo, buscando estímulos à sua volta que podem ser afastados (bate-papos, notificações pop-up, e-mails). Mas, é claro, isso usa mais pontos de energia dos seus blocos de trabalho. Sentar-se diante de um documento em branco, no qual você deveria estar escrevendo algo, pode parecer muito mais "entediante" de primeira, mas você quer se *entediar até focar*. Depois que seu cérebro ultrapassa o pânico inicial (porque não há mais nada a fazer a não ser o que é preciso fazer) e há um vácuo de distrações, você logo entra no modo de tempo de produtividade e realiza o que precisa em menos tempo.

NÃO DEIXE O E-MAIL "SUGAR" VOCÊ

No próximo capítulo, vamos nos aprofundar detalhadamente em como organizar e administrar seu e-mail. Mas, dentro do contexto das distrações, é importante lembrar que você provavelmente nunca, jamais, em hipótese alguma vai abrir seu e-mail e pensar: *ah, maravilha, não tem nada para fazer aqui!* Para muitos, os e-mails nunca param de chegar e, de certa forma, isso é bom, porque significa que sempre há mais a fazer e conquistar em nosso trabalho e nossa vida. O problema se dá quando acionamos o *aspirador do e-mail* muitas vezes ao dia e deixamos que ele nos sugue. Deixamos o aspirador ligado, ainda que só em uma aba secundária, ou constantemente aberto no celular, e sempre somos distraídos por aquele barulho. Muitas vezes, checamos o e-mail quando não temos plano algum de fazer nada a respeito disso: estamos apenas olhando para ver o que tem lá. Lembre: sempre que olha o e-mail, você o está chamando para entrar em seu cérebro e usar pontos de energia e está se dando a oportunidade de se distrair.

Na minha orientação, acho fora da realidade pedir às pessoas que verifiquem seus e-mails apenas duas ou três vezes ao dia. Para muitos, o trabalho exige que o e-mail seja verificado com mais frequência porque é preciso estar disponível para responder de imediato. Por isso, um hábito que pode dar certo é fechar o e-mail uma ou duas vezes por dia para se concentrar em trabalhos que não estejam ligados a ele. Esse pequeno hábito (que você também encontra esboçado na planilha da Lista Diária) pode fazer uma enorme diferença em sua produtividade diária. Num mundo ideal, esse período de e-mail fechado ocorreria durante suas Horas de Energia, quando você tem a melhor oportunidade para realizar coisas, sem ruído algum.

MONOTAREFA É O NOVO MULTITAREFA

A promessa da multitarefa costumava ser popular no mundo da produtividade, mas já se mostrou ineficaz. Muitas ferramentas de produtividade foram projetadas para nos ajudar a fazer várias coisas ao mesmo tempo, mas, desde então, passaram a encontrar maneiras de nos desconectar e focar uma coisa por vez. Para comprovar o que digo, tente a seguinte atividade:

1. Pegue um pedaço de papel, uma caneta ou um lápis e um cronômetro.
2. Cronometre-se escrevendo o seguinte.

MULTITAREFA
1 2 3 4 5 6 7 8 9 10

3. Vire o papel para o verso em branco (para não copiar seu texto original ou o texto neste livro).
4. Cronometre-se fazendo a mesma coisa, mas alternando entre letras e números (M, depois o 1, depois o U, depois o 2) até terminar as duas linhas.
5. Veja a diferença no tempo.

Quando faço isso em um grupo grande, peço às pessoas que ergam a mão ao terminarem e paro o cronômetro quando a última mão é erguida. Em média, leva *mais que o dobro* de tempo para o grupo concluir o passo 4 do que para o passo 2, mas, ao olhar os dois lados do papel, o resultado é *exatamente o mesmo*. Com esse teste não científico, podemos deduzir que pode levar o dobro do tempo quando estamos alternando entre atividades. O tempo adicional é necessário porque nosso cérebro leva mais tempo para se reorientar e usamos pontos de energia a cada troca (letra, agora número, agora letra, agora número). Estamos causando o mesmo efeito em nós quando trabalhamos em duas coisas ao mesmo tempo. *Ok, documento que estou redigindo; ok, e-mail; ok, documento; ok, mensagem; ok, documento; ok, mensagem no celular.* Na verdade, estamos levando *mais* do que o *dobro* de tempo para gerar o mesmo resultado, provavelmente fazendo de um jeito pior e desperdiçando energia ao longo do caminho.

> Fazer várias coisas de uma vez
> é fazer várias coisas malfeitas.

Há momentos e locais para a multitarefa: quando você está realizando uma ou mais atividades sem importância, em que não há muito em jogo quanto à qualidade do resultado. Você pode lavar louça *e* ouvir um podcast. Pode falar ao telefone durante sua caminhada. *Poderia* entrar em uma reunião que não exige sua participação enquanto checa os e-mails — mas confira no Capítulo 13 por que você provavelmente deveria recusar a reunião e ler as anotações depois! Treinar-se para ter foco é o primeiro passo eficaz, porém, mais adiante, vamos nos aprofundar em ferramentas como meditação, que tornam seu foco ainda mais fácil e mais natural. Tenha em mente sempre que você se importar com uma tarefa, com fazer algo bem-feito e desejar fazer no menor tempo possível: *realize uma tarefa de cada vez*.

Vimos que a preparação (na forma de liberar tempo e espaço para o Você do Futuro ao agir como seu próprio assistente) e a monotarefa são as chaves cruciais para trabalhar sem distração. Por ironia, as principais fontes de distração no local de trabalho de hoje também são exatamente as coisas que nos ajudam a concluir nosso trabalho com tanta eficiência: o computador e o smartphone. As duas ferramentas nem mesmo existiam uma ou duas gerações atrás, e tivemos que aprender novas regras para utilizá-las. Os toques, bate-papos e mensagens que trafegam através da miríade de plataformas formam um tsunami infinito de informações que valorizamos e distrações que não prezamos. Uma corrente significativa dentro desse tsunami é o e-mail, que merece um capítulo próprio.

PRÁTICAS DE PRODUTIVIDADE

- Aja como seu próprio assistente e prepare o ambiente para um trabalho sem distrações. Vasculhe possíveis distrações e lide com elas antes que aconteçam. Entedie-se até focar.
- Feche os programas de e-mail/mensagem algumas vezes ao dia para experimentar a sensação de desconexão e de foco, principalmente durante suas Horas de Energia.
- Prove a si que a multitarefa faz você perder tempo. Cronometre-se fazendo o exercício MULTITAREFA e obtenha informação como prova disso.
- Quando você se importar com os resultados de uma tarefa, execute apenas uma delas.

Capítulo

16

DOMINANDO O E-MAIL: O MÉTODO DA LAVANDERIA

Quando começo a trabalhar com um cliente, quase sempre iniciamos pelo e-mail. Isso porque e-mail, para muita gente, é pessoal. Pode ser o ponto inicial para ansiedade no trabalho e, às vezes, é o único e maior ponto crítico. É a primeira coisa que muitas pessoas veem ao acordar e a última que veem antes de dormir (incluindo o companheiro, que está ao lado delas na cama!). E-mail é o que as faz acordar no meio da noite pensando: *será que me esqueci de responder isso?* Quando está na caixa de entrada, está na nossa cabeça.

Para muitos, o e-mail começou como um conveniente método de comunicação assíncrona, mas se tornou algo em que passamos a maior parte do tempo conectados, a maior parte do tempo a postos e a maior parte do tempo nos estressando. Tornou-se uma forma de outras pessoas acrescentarem coisas à nossa lista de afazeres. À medida que, cada vez mais, passamos a ambientes de trabalho remoto, o número de e-mails disparou. Dados da companhia de software HubSpot informam que o volume de e-mails aumentou em 44% desde a mudança para o trabalho remoto desencadeada pela pandemia.[1]

O e-mail é um método de comunicação eficaz e necessário. Se estou nas minhas Horas de Energia, compenetrada e focada em algo, e você se encontra em um fuso horário diferente, dormindo profundamente, mesmo assim podemos ser eficientes e gerar juntos o resultado de um projeto trocando e-mails. Essa forma de comunicação fornece um registro, caso outras pessoas precisem ser adicionadas ao projeto ou caso o trabalho precise ser compartilhado. A edição simultânea de documentos e as mensagens instantâneas podem ser utilizadas para algumas dessas necessidades, mas o e-mail ainda mantém um lugar importante e necessário em um fluxo de trabalho comum.

Estudos mostraram que as pessoas verificam o e-mail no trabalho por volta de onze vezes por hora.[2] Muitas dessas vezes não estamos fazendo nada — apenas dando uma olhada! No Capítulo 3, incentivo as pessoas a fecharem o e-mail uma ou duas vezes como parte da Lista Diária e, no Capítulo 14, enfatizo a importância de personalizar as notificações para reduzir interrupções. Mais importante: quando, de fato, decidimos verificar o e-mail, queremos garantir que estamos aproveitando ao *máximo* esse tempo. Às vezes, estamos de um lado para o outro entre abrir e-mails aleatórios não lidos, concluindo tarefas pela metade, pescando novas mensagens, esboçando respostas pela metade e ficando com a sensação de não finalizar nada. Em vez disso, você quer *lidar bem com o e-mail.*

É possível mudar sua relação com essa tecnologia usando um processo de três passos que desenvolvi. Meu treinamento de e-mail tem sido realizado por dezenas de milhares de Googlers e é consistentemente um dos treinamentos mais bem avaliados da empresa.

Quando o ofereço, recebo e-mails o tempo todo que dizem coisas como: "Uau, você me poupou 30% do meu tempo na minha caixa de entrada!"; "Me sinto muito melhor" ou "Agora me sinto totalmente à frente do meu e-mail". "Minha equipe se deu conta de que, depois de realizar o treinamento, estou muito mais responsivo e adiantado no meu trabalho." Ou: "Estou dormindo melhor porque sei exatamente o que tem no meu e-mail e que não estou deixando nada passar!".

TRÊS PASSOS PARA LIMPAR SUA CAIXA DE ENTRADA

Estes três passos devem ser seguidos para limpar sua caixa de entrada. Se você fizer apenas o passo 1, já vai sentir a diferença. Se seguir para o passo 2, melhor ainda. Se concluir o passo 3, o melhor dos mundos. Você vai se sentir *completamente* no controle do seu e-mail (e é uma boa sensação!).

1. **Remova o que você não precisa ver.** Por diversas vezes, as pessoas proclamam a contagem de seus e-mails como se fosse uma medalha de honra. *Tenho 890 e-mails não lidos* ou *Tenho milhares de e-mails na minha caixa de entrada!* Em geral, o que isso me conta é que: 1) você está perdendo 890 e-mails enviados diretamente para você, o que deve representar muitos colegas de trabalho frustrados; ou 2) você está recebendo muitos e-mails que, na verdade, não precisam estar ali na sua caixa de entrada. Em geral, é a última opção. *E-mails na caixa de entrada que você não abre são como as roupas*

no seu armário que você não usa. Não é impressionante ter 890 camisas que não usa mais porque elas não cabem ou estão fora de moda. No mínimo, isso torna a hora de decidir o que usar *muito* mais estressante. Sua atenção é desviada para essas roupas, mesmo que elas nunca saiam do cabide. Você está usando muito mais pontos de energia para categorizar mentalmente e encontrar uma camisa do que se aquelas roupas sem uso não estivessem ali. Com o e-mail é a mesma coisa: cada mensagem na sua caixa de entrada utiliza um pouco dos seus pontos de energia, mesmo que você não a abra. Depois que está na sua caixa de entrada, aquela fonte em **negrito** engana seu cérebro e o faz pensar que ali tem algo a ver com você, quer você abra ou não a mensagem.

Cada e-mail que chega à sua caixa de entrada captura uma pequena parte da sua atenção e energia, mesmo que você nunca o abra.

Seu objetivo no passo 1 é remover o máximo possível esses e-mails desnecessários da caixa de entrada. Crie filtros ou regras no programa de e-mail para que eles **nunca cheguem à caixa de entrada**. Viu como sua atenção foi atraída para essa frase por ela estar em negrito? O mesmo vale para as linhas com assuntos sobre coisas a que você não precisa dar atenção que chegam **não lidas** à sua caixa de entrada. Para muitas pessoas, esses e-mails não lidos vêm na forma de newsletters ou alertas nos quais, sem querer, elas se inscreveram. Uma maneira bem rápida de capturar todos eles é buscar na caixa de entrada palavras como *cancelar* *inscrição* ou *ver no navegador*. Essas palavras-chave costumam estar em e-mails que saem de malas diretas e não foram enviados diretamente para você. Use esses itens de pesquisa para criar regras ou filtros de forma que esses e-mails nunca cheguem à caixa de entrada, ou, depois de achá-los, siga as instruções que há neles para cancelar a inscrição.

Marque um cronômetro para trinta minutos e trate isso como um jogo, em que o objetivo é ver quantos e-mails você consegue eliminar. Encontre cada um que nem deveria ter sido visto por você e arrume um jeito de impedir que isso volte a acontecer: crie um filtro, bloqueie o remetente, cancele a inscrição dessa mala direta ou marque como spam. Esse expurgo é parecido com o ato de se livrar de todas aquelas roupas que você não usa mais. Verificar sua caixa de entrada vai dar uma sensação de alívio depois que você tirar um tempo para ver apenas o que precisa.

2. **Faça ficar em destaque o que você *de fato* precisa ver.** Se o CEO da sua empresa manda e-mails diretamente para você, esse tipo de mensagem precisa aparecer de modo diferente dos e-mails que ele envia para toda a empresa. Um e-mail que sua professora manda diretamente para você precisa se destacar daqueles que ela envia para a turma inteira. Um e-mail enviado pelo diretor do seu filho diretamente para você precisa ser distinguido da newsletter semanal que a escola envia. Se você tem muitas reuniões ou viaja com frequência, e, por conta disso, o jeito mais comum ou principal de acessar seu e-mail é pelo celular (cuja caixa de entrada é menor e menos detalhada do que

a que vemos na tela do computador), você precisa saber quais coisas precisam ser abertas de imediato e quais podem esperar. Dá para dizer muito ao Você do Futuro sobre o que tem dentro de um e-mail antes mesmo de abri-lo e usar menos pontos de energia, sempre examinando sua caixa de entrada para encontrar o que de fato importa. Crie marcadores ou indicadores como *VIP* ou *Notificação urgente* e depois aplique-os automaticamente usando filtros ou regras. No Gmail, isso representa acrescentar um marcador de maneira automática a um e-mail usando uma regra de filtro. Por exemplo, se é do meu gerente, enviado diretamente para mim, *coloque dentro desse marcador*. Se é do meu maior cliente de vendas (*@domíniodocliente.com), então use um marcador forte e em negrito (ainda vem direto para minha caixa de entrada, mas chega com uma cor diferente da dos outros). Deixe que seu programa de e-mail realize o trabalho de priorizar ao sinalizar coisas de modo automático. Assim, com uma rápida olhada, você tem um panorama visual do que há em sua caixa de entrada antes de abrir qualquer coisa. Criar algumas dessas regras prepara o Você do Futuro para nunca perder um e-mail importante e ter dicas visuais que ajudam parcialmente a dar prioridade a certas coisas antes mesmo de ler o assunto da mensagem.

3. **Separe seus e-mails como você separa suas roupas para lavar**. Esqueça o e-mail por um instante, e vamos falar sobre algo que as pessoas entendem bem: lavar roupa. Imagine se eu pedir a você que vá até sua secadora para pegar sua roupa da seguinte forma:

- Você abre a porta da secadora e pega uma camisa.
- Você a dobra, sobe a escada e a guarda em seu armário, então desce de novo até a secadora.
- Você encontra outra camisa, dobra, sobe até o armário, depois desce de novo até a secadora.
- Você encontra uma calça, e ela ainda parece um pouco úmida, mas você a joga de volta lá dentro com outras roupas secas.
- Você encontra uma meia e não está com ânimo para caçar o outro pé, então você sobe, guarda a meia na gaveta e volta lá para baixo.
- Você encontra uma calça — ah, espere aí, é a mesma calça úmida que você já tinha pegado, e você a joga lá dentro outra vez.
- Você decide que não está a fim de esvaziar totalmente a secadora, então, apenas volta o ciclo e começa de novo quando novas roupas são acrescentadas da máquina de lavar.
- Você entra em pânico toda vez que precisa de determinada peça de roupa, porque não sabe se está na secadora com todas as outras, ou se você se esqueceu de lavar, ou se, na verdade, você a guardou.
- Durante o dia todo, você deixa a secadora aberta para que possa ver todas as roupas e lembrar que ainda não terminou de lavar a roupa.

É muita ineficiência, não é? Que desperdício de pontos de energia! É uma maneira terrível e muito estressante de lavar a roupa. Porém, é assim que muitas pessoas lidam com o e-mail. Roupas úmidas são devolvidas e misturadas a roupas secas (*marcar como não lido*). A secadora nunca está vazia (*caixa de entrada zero*). As pessoas olham para a secadora cheia várias vezes ao longo do dia, lembrando-se de que há uma grande zona ali dentro que ainda não foi organizada (*verificar o e-mail quinze ou mais vezes por dia sem limpá-lo*). Elas acordam no meio da noite sem ter a menor ideia de se responderam a determinado e-mail ou se deixaram passar algo importante na caixa de entrada (*cadê aquela camisa rosa???*). Então, o que a metáfora de lavar roupa tem a nos ensinar a respeito do gerenciamento do nosso e-mail?

- Decidimos que vamos *dar conta do e-mail* assim como decidimos que *vamos lavar roupa* e determinamos um tempo específico para isso, em vez de ficar revirando a coisa toda constantemente.
- Tratamos de tudo na caixa de entrada de uma vez até acabarmos, da mesma forma que se esvazia a secadora.
- Separamos por pilhas. Semelhante a *dobrar/pendurar/ meias sem par*, pense em *responder/ler/revisitar.*
- Lidamos com uma pilha inteira de cada vez — *dobrar todas as roupas/ler todos os artigos* — e obtemos o benefício do agrupamento de tarefa.
- Tocamos em roupas/e-mails no *máximo* duas vezes (a primeira para organizar e a seguinte para responder/ dobrar), reduzindo os pontos de energia que gastamos em cada e-mail.

- Tratamos organizar/ler/responder como atividades diferentes e não as misturamos (em vez de dobrar uma blusa, depois pendurar um vestido, depois achar pares de meia).
- Mesmo que não tenhamos tempo para pendurar todas as roupas (responder a todos os e-mails), temos uma pilha de outras para pendurar e, se perdermos a blusa verde (aquele e-mail do nosso chefe), sabemos exatamente onde está e que foi tocada uma vez.

ENTÃO, COMO FICA ISSO NA SUA CAIXA DE ENTRADA?

Configure sua caixa de entrada para ter uma secadora à parte (caixa principal, por onde chega tudo) e os cestos de roupa (etiquetas ou pastas que não estão na caixa de entrada) para tarefas diferentes. *Você nunca deve ter e-mails novos e não lidos no mesmo lugar que tem e-mails lidos, mas que ainda precisam que você faça alguma coisa.* Misturar esses dois tipos é como deixar todas as calças secas que você precisa dobrar junto com meias molhadas na secadora. Que confusão! Também é muito confuso ter múltiplas secadoras. Algumas pessoas gostam de ter uma caixa de entrada para e-mails internos, outra para e-mails externos e ainda outras para diferentes tipos de e-mails que chegam.

No entanto, um princípio de produtividade testado e aprovado é *quanto mais lugares você precisa checar, mais estressante é o processo.* Se você tivesse nove caixas de correio na frente da sua casa — uma para contas, uma para anúncios, uma para mensagens pessoais e mais seis para demais categorias —, seria uma tarefa e tanto ir até cada uma todo dia. Esvaziar uma única caixa de correio a cada dia e organizar o que tem ali é muito mais fácil, e é por isso que não recomendo ter diferentes caixas de entrada.

No Gmail, é possível criar marcadores para seus "cestos" e usar Várias Caixas de Entrada para exibi-los, de forma que você pode visualizá-los ao mesmo tempo como sua "secadora" (caixa de entrada principal). Em outros programas de e-mail, é possível criar pastas. Os quatro cestos de roupa ou marcadores essenciais para criar são baseados nas ações que podem ser tomadas em um e-mail:

1. **Responder**: é algo que requer uma resposta sua e precisa de você e do seu tempo para ser concluída.

   Exemplo: sua chefe pede uma atualização de status a respeito de um projeto importante.

2. **Ler**: algo que você gostaria de ler, mas não precisa responder.

   Exemplo: newsletter da área, e-mails para seu conhecimento, estudos de caso de interesse.

3. **Revisitar**: é algo que você não tem como responder de imediato porque está aguardando um momento específico para verificar ou esperando a resposta de outra pessoa. Pense nisso como coisas que você está aguardando ou precisam de um acompanhamento, mas não constam da *sua* lista de afazeres.

   Exemplo: você deve uma resposta ao cliente, mas primeiro precisa que Filipe aprove o contrato. Sua troca de e-mails com Filipe é um e-mail que você precisa revisitar se ele não lhe der uma resposta.

4. **Relaxar**: significa que você terminou! É aqui que todos os e-mails são deixados de lado. Quer dizer que tudo foi concluído com determinado item de ação e agora ele está

arquivado (podendo ser buscado mais tarde), deixado em algum tipo de pasta de referência ou excluído.

Exemplo: alguém da sua equipe relata uma conclusão bem--sucedida de uma tarefa ou um projeto.

Responder	Ler	Revisitar	Relaxar
Para: Você De: Seu gerente Assunto: A apresentação Oi, Ótima apresentação hoje!!! Pode fazer as alterações sobre as quais conversamos e me mandar o mais rápido possível? Obrigada! Lanaeschia	Para: Você De: Notícias da Manhã Assunto: Principais manchetes Atualização da empresa Boa dica	Para: Você De: Filipe Assunto: Aprovação de permissão Oi, e aí? Espero já estar com aquelas permissões para dispositivos móveis que você solicitou aprovadas até semana que vem. Fique ligada!!! Filipe	Para: Você De: Seu colega de equipe Assunto: Ótimo trabalho! Estou muito feliz por termos concluído aquele projeto. Foi ótimo trabalhar com você. Mais uma vez, obrigado!

SEU FLUXO DE TRABALHO DIÁRIO NO E-MAIL

Para alterar para esse sistema, você vai fazer uma configuração apenas uma vez e nela vai colocar quaisquer e-mails ativos em sua caixa de entrada em *Responder, Ler* ou *Revisitar* e, depois, vai criar um grande arquivo ou deletar o resto. *Se não requer uma dessas ações, não precisa ficar na sua caixa de entrada* (mais adiante falaremos de arquivamento de e-mail). Mais importante do que fazer uma mudança uma única vez para essa estrutura é entender como usá-la todo dia. Você vai pensar em *classificar, responder, ler* e *revisitar* como atividades distintas, assim como são atividades diferentes organizar a roupa lavada, dobrar as peças, pendurá-las e juntar pares de meia. Não as misture.

Todo dia, escolha um momento (para mim, as manhãs funcionam melhor) para repassar sua caixa de entrada e classificar rapidamente novos e-mails nesses quatro cestos. No Gmail, é possível usar ferramentas como Avanço Automático — passar para o e-mail seguinte automaticamente — e teclas de atalho para seguir com mais rapidez. Pense nessa parte do seu dia como uma *simples* organização de e-mails e responda apenas àqueles que levam menos de três minutos. Você deve ter bloqueado tempo para isso no seu Planejamento Hora a Hora. A ação de esvaziar sua caixa de entrada em cestos é ao que me refiro como *caixa de entrada zero* (ou *secadora vazia*). Tudo é retirado e organizado em pilhas. Você deixou sua versão do futuro preparada ao definir *exatamente* o que precisa ser feito com determinado e-mail. Abri-lo e marcar como não lido, assim como jogar uma calça úmida de volta às roupas secas, deixa o Você do Futuro frustrado, porque você vai ter que abrir o e-mail e determinar algo a respeito dele mais uma vez — um desperdício de pontos de energia. *Espere aí, eu abri este aqui? Respondi? O que é mesmo que eu devia fazer com isso?* É assim que as pessoas acabam vendo um e-mail cinco ou seis vezes antes de concluí-lo.

Depois que alcançar a *caixa de entrada zero*, é preciso encontrar/reservar tempo ao longo do dia (também incluso no seu Planejamento Hora a Hora) para isolar seus cestos e olhar *apenas* para o que precisa fazer nele. Olhe *apenas* para seus e-mails de *Responder* — bloqueie todo o resto — e responda! Depois, durante o período que reservou para ler e-mails, olhe *apenas* para seu cesto de *Ler* e lide com eles. Ao olhar para sua caixa de entrada principal, você deve encontrar apenas e-mails que chegaram depois que fez a última classificação. Você pode reclassificar de duas a quatro vezes a mais por dia para manter a *caixa de entrada zero*.

Colocar coisas nos cestos é uma bela maneira de fazer *agrupamento de tarefas*. Você descobre a eficiência e, no geral, usa menos pontos de energia enquanto desempenha ações similares de uma só vez. Lá pela quinta camisa dobrada seguida, você já está melhor em fazer isso, porque está no ritmo. O mesmo vale para responder ou ler cinco e-mails seguidos. Fazer de uma só vez, e não esporadicamente durante o dia, deixa você no "clima" e gera eficiência.

Você também deve pensar em combinar esses cestos de e-mail com seus níveis de energia. Se tenho uma hora sem interrupções durante minhas Horas de Energia e quero mesmo elaborar algumas respostas ponderadas, é um ótimo momento para isolar apenas meu cesto *Responder* e elaborar uma resposta a esses e-mails. Se tenho duas reuniões com uma pausa de quinze minutos entre elas, provavelmente não vou ter como responder nenhum dos e-mails nesse cesto, mas é um ótimo momento para me jogar no cesto *Ler* e dar uma olhada em algumas notícias da área. O fim do dia ou o fim da semana é um ótimo momento para repassar rapidamente o cesto *Revisitar* antes de fechar meu laptop de vez.

Depois de resolver qualquer uma dessas coisas e ela não precisar mais estar nesse cesto de ação, suma com ela! Coloque-a onde quer que você arquive, exclua ou organize os e-mails. Assim, sua caixa de entrada e os e-mails marcados com a ação seguinte são as únicas coisas que você precisa ver e os únicos e-mails *ativos* que você tem. (Na figura a seguir, você encontra um exemplo de Planejamento Hora a Hora com blocos para e-mail, usando os quatro cestos de classificação.

8h30	Pegar café, sentar, classificar a caixa de entrada, usando teclas de atalho, até a *caixa de entrada zero*.
9h	Abrir pasta **Responder** e elaborar as respostas para aqueles e-mails sem parar.
10h30	Reunião
11h	Reunião
11h45	Reclassificar a caixa de entrada, usando teclas de atalho, até a *caixa de entrada zero*.
12h	Almoço
13h	Terminar **Responder** e trabalhar em tarefas não relacionadas a e-mail.
13h30	Reunião
14h	Abrir pasta **Ler** para dar uma olhada em artigos.
14h30	Reunião
16h	Abrir pasta **Revisitar** e acompanhar qualquer coisa que precise de uma resposta, reclassificar a caixa de entrada até a *caixa de entrada zero* antes de ir para casa.

Esse sistema ajuda você a dominar e manter sua avalanche de e-mail de maneira contínua e, mais importante: é confiável. Você cria clareza mental ao saber *exatamente* onde aquela blusa rosa está quando precisa encontrá-la (ou aquele e-mail do seu chefe que você precisa responder até semana que vem). Ter os cestos de roupa cheios de coisas em que você tocou, mas que ainda não terminou é tão empoderador quanto saber o que já foi respondido, porque você sabe bem em que pé está com seu e-mail. Sabe onde criar tempo extra para repassar seus cestos se eles começarem a ficar cheios. Esse sistema põe você no controle e altera sua relação com a caixa de entrada. É uma peça importante para seu caminho rumo ao tempo de produtividade.

ONDE VIVEM AS AÇÕES?

Com o Método da Lavanderia para administrar a caixa de entrada e a Lista-funil para fazer o mesmo com as tarefas, muitas pessoas ficam curiosas em saber como as duas coisas atuam juntas. Se houver algo que você precise *fazer* em um e-mail recebido, para onde vai esse ciclo aberto: para a pasta *Responder* ou para sua Lista Principal? Vai depender muito do seu papel ou fluxo de trabalho, mas a maioria tem duas listas de ação em andamento de uma só vez e se livra das duas: a Lista Principal e a pasta *Responder*. Minha regra de ouro é fazer a pergunta: *para resolver essa ação, onde meu trabalho vai ser realizado?* Se o que preciso fazer pela ação for responder ao e-mail, eu o deixo na pasta *Responder* e esse é meu lembrete para fazer isso. No entanto, se o e-mail diz *Por favor, produza uma nova apresentação e compartilhe com seus colegas*, essa é uma ação *fora* do meu e-mail, então vou acrescentá-la à minha Lista Principal (ou à Semanal, se o prazo for naquela semana, ou à Diária, se for para o próprio dia etc.). Alguns têm tão pouca ação ocorrendo em seu e-mail que, de fato, faz sentido acrescentar todas à Lista Principal. Outros podem ter um emprego que se resume *em grande parte* a responder e-mails e, por isso, vão trabalhar só a partir das pastas de e-mail e não precisam de mais nenhuma lista. Talvez o bate-papo seja o método de comunicação principal para sua equipe, e, nesse caso, você administra suas conversas e tira itens de ação do seu programa de bate-papo para inseri-los em sua Lista Principal. Independentemente de qual modo esteja dando certo para você, se usar o e-mail, certifique-se de acrescentar um espaço na sua agenda para se dedicar a cada cesto como parte de seu Planejamento Hora a Hora todo dia (marcadores *Ler*, *Revisitar* e *Responder*).

Não caia na armadilha comum na qual o e-mail é algo para o qual você nunca reserva tempo intencionalmente e espera que dê para encaixar em meio a todo o resto. Em vez disso, marque uma "reunião" com sua caixa de entrada ao menos uma vez por dia.

A PESQUISA SÃO AS NOVAS PASTAS

Outra maneira de poupar tempo no seu e-mail é parar de arquivar cada e-mail concluído em pastas ou marcadores. Muitos clientes com quem trabalho chegam para mim com um processo de arquivar todos ou muitos de seus e-mails finalizados em pastas. Isso era uma prática comum no começo do e-mail, porque tínhamos o costume de arquivar documentos dessa forma, em um sistema físico de arquivamento em pastas. No entanto, *não* tem como vasculhar com facilidade 4.500 documentos para encontrar um com certas palavras, portanto, um sistema de arquivamento era necessário. Você *pode* procurar com facilidade dentro de 4.500 e-mails, então a ideia de que tudo deve ser guardado em pastas é obsoleta. Na verdade, você está usando mais pontos de energia para classificar algo dentro de uma pasta e depois encontrar quando poderia apenas pesquisar no momento que precisasse dessa coisa. Um estudo realizado pela IBM sugere que você economiza 54% do seu tempo buscando um e-mail em um conjunto grande *versus* arquivar tudo logo de cara para encontrá-lo nessas pastas mais tarde.[3]

Em vez de arquivar e-mails finalizados em pastas, arquive quaisquer um que você possa vir a precisar mais à frente em *um* amplo depósito. No Gmail, isso se chama *Todos os e-mails*. Depois, aprenda sobre as funções de busca no programa de e-mail que você usa. Por exemplo, no Gmail é possível buscar especificamente um e-mail que esteja entre duas datas, enviados por determinada pessoa, que tem ou não certas frases e até mesmo o tamanho do arquivo em anexo. Arquivar e-mails em pastas tem sua utilidade, mas é limitada. Em vez de "cada e-mail do meu chefe" ou "cada e-mail da escola do meu filho", pense em "novas ideias para lançamento de venda" ou "receitas que quero testar". Se você for gerente, talvez ter uma pasta para cada pessoa da sua equipe e colocar e-mails ali vá ajudar a escrever a avaliação de desempenho deles. Qualquer marcador/pasta que você faça para arquivamento deve ser para *um conjunto de e-mails difícil de procurar* e que você vai consultar *em algum momento*, como quando chega a hora de escrever aquela avaliação anual ou quando é hora de testar uma nova receita!

VÁ DIRETO AO PONTO E RESPONDA

No que diz respeito a escrever e responder a e-mails, tento *enviar* o tipo de e-mail que gostaria de *receber*. Adoro quando são curtos, amistosos, vão direto ao ponto, têm tópicos, declaram a solicitação com clareza logo de cara (e talvez até a resumam de novo no fim) e incluem um prazo, caso seja aplicável. Se você fica irritado ao receber um e-mail que leva para uma lista em outro aplicativo, a qual poderia ter sido incluída no corpo do e-mail, lembre-se desse sentimento e, ao redigir seu próprio e-mail, inclua sua lista nele em vez de inserir um link que leve para outro lugar! A composição de um e-mail é uma ótima oportunidade para usar ferramentas como o Duet AI para obter um ponto de partida para o que você gostaria de dizer. Peça o que quer e depois repita.

Responda a todos os e-mails dentro de 24 horas, mas não *finalize* todos os e-mails em 24 horas.

Ninguém gosta de trabalhar com uma pessoa que não responde a seus e-mails. E muito das ineficiências no e-mail vem de pessoas "que vão entrar em contato outra vez" ou que mandam um e-mail porque não tiveram retorno de alguém. Se não responder a um e-mail, em geral, isso garante que você vá receber outro (mais pontos de energia!). Como falamos no Capítulo 11, essa pressão não para de crescer. Um outro e-mail é então seguido de uma mensagem instantânea para chamar sua atenção, que vira uma reunião adicionada em seu calendário. Em vez disso, evite essa pegadinha ao *responder* a e-mails prontamente. *Responder* não significa finalizar a ação solicitada de você! Significa reconhecer que você recebeu o e-mail e o que planeja fazer ou quando planeja dar um retorno completo. As respostas podem ser:

Oi! Recebi sua solicitação e preciso pensar a respeito dela nesta semana. Aviso você na semana que vem.

Obrigado por seu e-mail. Tenho um tempo reservado na próxima terça-feira para trabalhar nisso, então te dou um retorno na quarta-feira da semana que vem.

Olá! Estou com isso em mente, mas não tenho certeza de quando vou poder olhar. Se eu não mandar notícias até mês que vem mais ou menos, fique à vontade para entrar em contato outra vez.

Apenas responder de imediato dessa forma e depois adicionar à sua pasta *Responder* já evita o jogo de adivinhação: *Será que essa pessoa viu meu e-mail? Será que esqueceu? Será que devo entrar em contato por meio de outra plataforma?*

Utilize também a boa prática de entrar em contato *de volta* enquanto está trabalhando nas coisas e poupe-se do e-mail de verificação que as pessoas mandam.

Opa! Ainda no aguardo da aprovação antes de pegar nisso — fique de olho!

Oi! Não me esqueci! Estou trabalhando nisso!

Todo mundo só quer saber que você recebeu o e-mail, que está trabalhando nele e quando dá para esperar uma resposta ou o serviço executado. As pessoas só querem ser *ouvidas*. Aquelas que verificam de forma preventiva e respondem a e-mails dessa forma se destacam como estando "à frente da situação". Todo mundo gosta de trabalhar com uma pessoa que utiliza essa prática no e-mail, tanto pessoal quanto profissionalmente! A forma como você responde (ou não) aos e-mails pode formar grande parte da percepção que os outros têm de você dentro ou fora do seu local de trabalho. Ninguém gosta de colaborar com quem não responde a e-mails. Crie uma "*reputação de responsividade*" ao estar sempre em dia com seus e-mails, mesmo sem *finalizar* todos de imediato.

Dominar e-mail, reuniões, tempo, distrações e as outras coisas que discutimos nos capítulos anteriores são elementos importantes da nova produtividade. Ao incorporarmos essas ferramentas e técnicas ao nosso trabalho, não só descobrimos que estamos mais produtivos e menos estressados como também vemos os benefícios que vão além do local de trabalho. É isso que vamos explorar na última parte deste livro.

PRÁTICAS DE PRODUTIVIDADE

- Use filtros e regras para tirar da caixa de entrada e-mails que você não precisa ver.
- Destaque e-mails que você *de fato* precisa ver de gente VIP, clientes importantes e servidores de lista.
- Crie três cestos de roupa para seu e-mail (*Responder/Ler/Revisitar*) e tire as coisas da secadora (caixa de entrada principal) para colocá-las nos cestos, alcançando a *caixa de entrada zero*. Repasse os cestos de roupa diariamente e realize ações adequadas aos e-mails, garantindo que você tenha tempo para isso na sua agenda.
- Aprenda as funções de busca do seu programa de e-mail, em vez de arquivá-los em pastas.
- Redija e-mails claros e objetivos, usando a IA como ponto de partida.
- Responda a e-mails rapidamente, apenas para deixar o remetente ciente de que você recebeu o e-mail, o que você planeja fazer e quando.

PARTE V

COMO VIVER ENQUANTO ESTIVER FAZENDO TUDO

Capítulo
17

ROTINAS QUANDO:ENTÃO

Se tem algo que aprendi ao ministrar workshops de produtividade, orientar executivos e ser mãe, é que as *pessoas amam rotina*. Quer seja uma tradição anual em um feriado, uma noite do cinema todo mês, uma refeição favorita toda semana ou simplesmente um ritual antes de dormir, as rotinas criam ritmo em nossa vida, e esse ritmo é algo de que podemos tirar proveito.

Um estudo realizado pela Universidade Duke descobriu que aproximadamente 45% de nossos comportamentos diários são hábitos.[1] Hoje em dia há uma forte tendência para formar ou quebrar *hábitos* (coisas que você faz sem pensar), mas gosto de me concentrar em criar *rotinas* (ações naturais para o próximo passo). Hábitos exigem motivação, enquanto rotina flui naturalmente com intenção.

Como falei no Capítulo 3, começar a semana dizendo *Preciso fazer o jantar todas as noites* traz uma sensação avassaladora e parece que você não sabe por onde começar. No entanto, ao pensar de maneira temática — Segunda sem Carne, Terça da Massa, Quarta da Sopa, Quinta da Receita Nova e Sexta do Delivery —, de súbito a tarefa referente às refeições parece menos intimidante. Limitei o escopo da atividade e agora tenho uma estrutura para me ajudar a descobrir o que fazer. Ainda tenho licença criativa e, talvez, eu faça um prato de *lámen* na "noite da massa" e misture tudo. Não preciso me ater a essa estrutura o tempo todo — talvez em alguma quarta-feira eu não esteja a fim de cozinhar e peça algo para viagem. Ou talvez esteja em uma semana especialmente atarefada e não tenha energia para testar uma receita nova na quinta. Mas, como foi mencionado ao longo de todo este livro, implementar essa agenda *em qualquer nível* vai ajudar a deixar as semanas em que faço jantar mais tranquilas.

É preciso pensar que esses tipos de rotina trazem benefícios para sua vida profissional e pessoal. Tematizar dias, criar um fluxo semanal e diário para sua agenda. E, quando houver algo que você queira encaixar na agenda — como *aprender piano* —, não conte consigo mesmo para escolher um bom momento e encontrar uma maneira de fazer isso. Crie uma rotina que ajude a arranjar tempo para isso com facilidade.

TORNE CONTÍNUO

O maior obstáculo à produtividade é colocar algo
na sua lista de afazeres sem ter a menor ideia
de quando você vai conseguir realizá-lo.

Chamo esse tipo de rotina de *quando:então*. Para criar qualquer comportamento novo, precisamos criar um gatilho para realizar a atividade, ou vai ficar sempre como algo que "pretendemos fazer".

Toquei piano durante vinte anos, mas eu tinha a meta de querer aprender novas músicas. Se me inscrevesse para fazer aula, seria algo estruturado que eu precisaria frequentar e me certificar de continuar. Mas, por ter feito aula durante mais de uma década, eu não precisava muito de novas lições — poderia facilmente aprender sozinha essas músicas! Só precisava de tempo e de um empurrãozinho. Para muita gente, essa linha do tempo do *um dia* nunca acontece e se transforma em *eu gostaria muito de fazer* ou *eu pretendia fazer*. Muitas vezes, metas grandiosas, projetos criativos e autocuidado acabam caindo nessa categoria do *pretendia fazer*. São essas coisas mais importantes que precisam que um *quando* seja criado, especialmente se estão sendo eternamente adiadas na sua Lista Principal.

Na hora de identificar o "quando" para aprender novas músicas no piano, eu sabia que as noites seriam meu melhor momento para praticar, porque era quando as crianças estavam dormindo e não precisavam da minha atenção (meu piano, de modo muito conveniente, tinha fones). Em seguida, eu precisava encontrar o "quando" que seria meu lembrete para fazer isso. Decidi que toda noite em que eu colocasse meus filhos na cama, *quando* eu saísse do quarto da minha filha (eu a colocava para dormir por último), iria direto para o piano. Usei a tática do *queijo suíço* para ter a sensação de que era algo a que eu conseguiria dar continuidade. Meu único objetivo era sair do quarto dela e me sentar ao piano.

No começo, eu apenas ia direto até ele, tocava uma música que já sabia e saía. Às vezes, durava só cinco minutos ou menos. Eu não me permitia descer e ver coisas que poderia limpar ou começar a assistir a um programa na TV. Logo aquilo se tornou natural.

Eu agia como minha própria assistente e definia novas partituras logo pela manhã, torcendo para que isso induzisse meu Eu do Futuro (naquela noite) a aprender algo novo. Ao ver a nova música exposta, eu me sentava e aprendia algumas partes da peça. Algumas noites, ficava entediada, tocava por uns dez minutos e já estava bom. Outras, eu erguia os olhos e percebia que já tinha se passado uma hora. Meu marido começou a perceber que eu faria aquilo toda noite e passou a fazer as próprias coisas depois que nossos filhos iam para a cama, sabendo que eu não estaria pronta para ver um programa junto com ele ou jogar um jogo de tabuleiro até que terminasse. Aquilo continuou como uma rotina e se tornou parte do ritmo diário. O progresso aconteceu só porque eu, logo no começo, atrelei a nova rotina diretamente ao momento seguinte ao horário de colocar minha filha na cama (algo que sei que vou fazer toda noite).

Os resultados de um estudo publicado no *European Journal of Social Psychology* em 2009, mostraram que o tempo médio para que um novo comportamento se torne automático é de 66 dias.[2] Mas, talvez, você descubra, assim como eu, que, com um sólido *quando:então*, isso acontece muito mais rápido, porque eu tinha o mesmo gatilho (hora de dormir dos meus filhos) toda noite.

Você pode aplicar o exercício do *quando:então* para qualquer coisa que queira executar. Pode transformar um dia da semana no seu *quando*, como, por exemplo, Domingo do Autocuidado. Manter a descontração elimina a pressão da coisa toda e lhe dá flexibilidade para fazer algo simples (como pintar as unhas ou tomar um longo banho no domingo) ou grandioso (acabar marcando um domingo no spa!). No exemplo do piano, comecei aos pouquinhos, tocando músicas que já sabia e das quais gostava e, com o tempo, aprendi a tocar peças novas. Começar apenas com músicas novas teria me impedido de continuar.

Além de usar um dia específico como seu *quando*, também é possível escolher um momento, uma ação ou um gatilho específico para sua rotina. Eis outras rotinas *quando:então* que sigo e que podem inspirar você:

- *Quando* acontece nossa reunião de equipe mensal: *então* passo os trinta minutos seguintes acrescentando anotações na minha pasta de avaliação anual sobre aquilo em que tenho trabalhado (algo que eu queria fazer todo mês).
- *Quando* chega o primeiro dia do mês: *então* dou aos meus cachorros o remédio contra filariose.
- *Quando* é segunda: *então* lavo a roupa de todo mundo em casa e a jogo na minha cama, para que eu não possa ir dormir até que esteja tudo guardado.
- *Quando* é o segundo sábado do mês: *então* eu e meu marido saímos em um encontro.
- *Quando* vou ao mercado: *então* pego qualquer sobra da minha reciclagem e deixo no centro de reciclagem ao lado.
- *Quando* é noite de quarta-feira: *então* vejo *Survivor* na CBS e faço as unhas.
- *Quando* é hora de mandar minha atualização semanal para meu chefe: *então* também dou uma olhada rápida na minha pasta *Revisitar* do e-mail para ver se estou deixando passar algo naquela semana.
- *Quando* faltam cinco minutos para o jantar ficar pronto: *então* programo um despertador para dali a cinco minutos

e digo aos meus filhos para arrumarem brinquedos e livros antes de comer.

- *Quando* é quinta-feira, depois da soneca da minha filha: *então* deixo algo criativo ou artístico para ela fazer, para que os itens de artesanato sejam utilizados!
- *Quando* é noite de sexta-feira: *então* pedimos pizza e jogamos um jogo de tabuleiro em família ou vemos um filme juntos.
- *Quando* escovo os dentes toda noite: *então* faço qualquer outra coisa que quero fazer todo dia, como tomar uma vitamina ou repetir afirmações diárias.
- *Quando* é terça-feira: *então* minha família e eu entramos em uma rotina sem tecnologia da hora do jantar até a hora de dormir (mais a respeito em Terça Sem Tecnologia no Capítulo 18).
- *Quando* é 4 de Julho ou Ano-Novo: *então* faço qualquer coisa que quero fazer a cada seis meses, como trocar os filtros de casa, trocar de rímel, lavar as almofadas do sofá e uma porção de outras coisas. (Eu tenho uma imensa lista semestral.)
- *Quando* é a semana do meu aniversário: *então* marco qualquer consulta médica anual a que eu precise ir, como fazer exame de vista ou de rotina.

Rotinas tiram um peso das suas costas e do seu cérebro porque você já deixou reservado um momento e um local específicos para as coisas. Eu podia viver assombrada pela necessidade de *lavar as almofadas do meu sofá na área externa em algum momento*. Em vez disso, uso um mínimo de pontos de energia e penso nisso apenas duas vezes por ano, porque já especifiquei um momento a cada seis meses e confio no meu sistema. Não me pego pensando:

quando foi meu último exame de vista? Eu sei que foi em dezembro passado porque é sempre na semana do meu aniversário. Esses ritmos e rotinas são contínuos — e tornam a vida mais fácil e mais agradável.

ANEXOS DE MEMÓRIA

Também é possível usar a associação *quando:então* como um dispositivo mnemônico de ocorrência única. Digamos que eu esteja deitada na noite anterior a uma viagem e me dê conta de que não coloquei algo na mala. Eu me visualizo fazendo qualquer coisa que *sei* que vou fazer pela manhã e, no mesmo instante, visualizo minha versão do Eu do Futuro lembrando-se do que preciso. Penso três ou mais vezes: *quando pegar as chaves, então lembre-se de que precisa do carregador.* Na manhã seguinte, quando vou pegar as chaves, essa associação foi feita com tanta eficiência que a imagem do meu carregador surge na minha mente. Anexar uma coisa à outra garante que ela não seja esquecida. Bolei isso como uma maneira de me lembrar das coisas quando estou sem acesso à minha Lista de Captura e agora é algo que uso quase todo dia e ensino aos outros.

Outra maneira de usar o *quando:então* é na hora de decidir onde posicionar coisas na sua casa ou dentro de um sistema organizacional. Digamos que você não saiba onde guardar a fita adesiva em sua casa. Imagine que ela sumiu. O primeiro lugar que vem à sua mente para procurá-la é onde você deve guardá-la. Imagine que seu colega de apartamento tenha dito para você: *Ei, não consigo achar a fita. Sabe onde está?* Qual é o primeiro lugar que lhe vem à mente para procurar? É lá que você deve guardar esse item! Você está testando pela primeira vez a conexão de *quando preciso da fita, então procuro aqui* que seu cérebro já fez e depois a usando em vantagem própria para guardar a fita em seu lugar natural.

TIRE PROVEITO DE COMEÇOS NATURAIS

Além de agrupar coisas que acontecem todo dia, toda semana, todo mês e todo ano para facilitar a vida, é possível também tirar proveito de começos. Em *Quando: Os segredos científicos do timing perfeito*, Daniel Pink fala a respeito de evitar falsos começos ao usar o poder de marcos temporais para produzir novos começos.[3] Por exemplo, segunda-feira, o primeiro dia da semana, o primeiro dia de um mês, o primeiro dia no trabalho novo ou de um novo ano: nosso cérebro está programado para pensar nessas coisas como recomeços. Queremos tirar proveito disso. É muito mais provável que você dê continuidade a uma rotina se começá-la na segunda, em vez de na terça ou na quarta.

Criar rotinas e usar o modelo de *quando:então* elimina o estresse e a ansiedade de lembrar-se de desempenhar tarefas antes de sequer as realizarmos. Elas nos ajudam a encontrar o tempo e o espaço certos para executar aquelas coisas de "um dia" que estamos querendo fazer. Quando há mais rotina e ritmo, há menos distração e mais espaço mental para fazer as coisas que queremos e de que precisamos. Mas, como vimos no Capítulo 16, enquanto houver computadores e outros dispositivos digitais no nosso mundo (e sempre haverá), estresse e distração estarão sempre batendo à porta. Ficar pequenos períodos longe desses dispositivos pode ser uma das coisas mais saudáveis a fazermos por nós mesmos e uma das melhores formas de reiniciar nosso tempo de produtividade.

PRÁTICAS DE PRODUTIVIDADE

- Encontre algo que você pretende fazer "um dia", mas continua negligenciando ou deixando para depois, em alguma data vaga no futuro. Anexe isso à outra atividade na mesma agenda e crie uma rotina.
- Use o poder das associações de *quando:então* para guardar coisas na memória, encontre um lar natural para objetos e inspire ações.
- Encontre alguns novos começos naturais no calendário — como o primeiro dia do mês ou seu aniversário — para iniciar novas rotinas, dando a elas mais chance de terem continuidade.

Capítulo
18

TERÇA SEM TECNOLOGIA

Se você já ouviu falar em FOMO (do inglês, *fear of missing out*), sabe o que significa: é o medo de ficar de fora ou perder informações. Mas tem se tornado cada vez mais popular a JOMO (*joy of missing out*): é a *alegria* de estar perdendo ou ficar de fora. A ideia é que, às vezes, ficamos ainda mais felizes quando perdemos um e-mail, uma mensagem, um podcast ou planos que não queríamos mesmo levar adiante. Em um post de blog no site da *Psychology Today*, Kristen Fuller, doutora em medicina, escreveu que "a JOMO permite que sejamos quem somos no momento presente, que é o segredo para a felicidade. Quando você se liberta da competitividade e do espaço ansioso em seu cérebro, você ganha muito mais tempo, energia e emocional para conquistar suas verdadeiras prioridades".[1]

JOMO = a alegria de ficar de fora ou de perder informações.

Como já foi mencionado ao longo deste livro, *é na mente serena que a mágica acontece*. É onde novas ideias são criadas, velhas ideias são reestruturadas, pontos de energia são obtidos e a informação é absorvida e processada. Todos os nossos dispositivos barulhentos invadiram boa parte desse tempo de calmaria. Centenas de anos atrás, humanos realizavam jornadas de um dia inteiro em cima de um cavalo sem nada para distraí-los além das paisagens naturais, o ar livre e a companhia uns dos outros. Hoje mal conseguimos passar um jantar sem um amigo mexer no telefone.

Acredito de verdade que a jornada rumo a uma vida mais produtiva e intencional começa pela análise do nosso relacionamento com a tecnologia. Você está se dando uma hora de silêncio mental por dia? Ou está abarrotando cada momento de quietude com uma rápida olhadinha nas redes sociais ou nas notícias? Está acordando para se dedicar ao seu dia ou ao seu e-mail? Está passando um tempo com seus filhos só para se pegar vendo numa rede social um vídeo sobre os filhos de outras pessoas? A tecnologia, sem dúvida, é útil e une várias lacunas em nossa vida, mas é importante analisar em como ela pode trabalhar *a seu favor* em vez de *contra* você.

O DESAFIO

Não sou a favor de resoluções radicais de Ano-Novo (acredito que mudanças pequenas ao longo do tempo são mais eficientes), mas, um tempo atrás, meu marido e eu decidimos iniciar o novo ano fazendo uma pequena mudança: tentar deixar de lado nossos dispositivos móveis entre o jantar e a hora de dormir uma noite por semana. Começamos nossa própria Noite de Terça Sem Tecnologia, onde encontramos atividades fora da tecnologia, como jogos de tabuleiro, quebra-cabeças, passar um tempo ao ar livre ou novos hobbies criativos.

Como o exercício exigia um comprometimento mínimo, foi fácil se ater a ele, que acabou sendo divertido e relaxante, e demos continuidade durante um ano inteiro. Aquelas terças eram algumas de nossas noites preferidas. A tecnologia é muito vantajosa para nos ajudar em nosso trabalho, nos unir e facilitar maneiras de realizar mais. Mas, até mesmo para computadores que funcionam em tempo de produtividade, reiniciar e desligar de vez em quando são coisas cruciais para o sucesso operacional no longo prazo. Isso também vale para o nosso tempo de produtividade — uma noite por semana desligando os dispositivos reinicia nosso cérebro, nos dá mais pontos de energia e nos prepara para o sucesso na produtividade no longo prazo. Ao praticar a ideologia da JOMO apenas uma vez por semana, você abre espaço para conexões pessoais mais ricas, reflexões mais profundas durante um tempo só seu, um sono mais bem dormido e uma manhã mais revigorante no dia seguinte.

Meu próprio sucesso com essa tradição semanal me fez querer liderar uma campanha parecida com outras pessoas no Google. Dei ouvidos a alguns de meus próprios conselhos dos últimos capítulos. Eu sabia que, se quisesse dar início a um movimento, ele precisava começar com:

- *Um pequeno desafio*: quase ninguém quer uma completa reformulação, como, por exemplo, trocar o smartphone por um modelo flip. Tive que usar a tática do queijo suíço e decidi me concentrar em uma meta administrável e realizável, como deixar o celular desligado por algumas horas.
- *Uma rotina quando:então*: *escolha uma noite por semana* é muito menos poderoso do que *Terça Sem Tecnologia*. É algo que pega,

dá direção, ritmo e estrutura. *Quando* é terça, *então* faço algo diferente de usar alguma tecnologia naquela noite. Escolhi a noite de terça-feira principalmente porque *tecnologia* e *terça* começam com a letra *T*!

- *Um começo natural*: o meio de julho parece um momento aleatório para começar uma iniciativa como essa, mas o início do ano pode parecer mais natural. As pessoas costumam avaliar sua produtividade e estão dispostas a fazer uma mudança maior já que é o começo de algo *novo*. Decidi que o desafio começaria em janeiro.

Esses *insights* me levaram a começar o desafio anual da *Noite de Terça Sem Tecnologia* no Google: nas terças-feiras de janeiro e fevereiro (ou em outra noite da semana que você escolher), deixe de lado dispositivos digitais e telas da hora do jantar até a hora de dormir. Nos últimos cinco anos, mais de 2.500 pessoas aceitaram o desafio anualmente, e os resultados têm sido incríveis.

Quase todo feedback que ouço é de como é difícil no começo, mas vale a pena no fim. Ao longo dos últimos cinco anos, os temas principais de feedback incluem comentários que mostram que os participantes:

- Estão surpresos com o número de vezes que pegam e checam o telefone.
- Não conseguem acreditar em como parecem ter mais tempo naquela noite.
- Dormem muito melhor.
- Fazem conexões humanas mais ricas, que não ocorriam quando a tecnologia estava em cena.

- São incentivados pela quantidade de colegas de equipe/gerentes/amigos que não só deram apoio, mas também se juntaram à inciativa.
- Acabam se sentindo muito mais cheios de energia no dia seguinte.
- Enfim, encontram tempo para hobbies criativos.
- Veem que, ao colocar de lado por apenas uma noite um problema no qual precisam trabalhar, geram soluções melhores no dia seguinte.
- Percebem que a família, especialmente as crianças, adora esse momento.
- Planejam incorporar a iniciativa por um longo prazo ou expandir o desafio.

No fim do desafio a cada ano, postulo duas questões de verdadeiro ou falso, e você pode ver o resultado a seguir:

Fiquei superfeliz, mas nem um pouco surpresa, ao descobrir que as pessoas que participaram do desafio relataram que ele causou uma diferença no estresse, no bem-estar e no desempenho de modo geral, e que a maioria planejava dar continuidade. Alguns participantes já realizam o desafio há cinco anos e o mantiveram toda noite de terça desde o primeiro ano em que o lancei.

O feedback quantitativo já diz muito, mas o qualitativo fala ainda mais. Eis alguns dos meus comentários favoritos:

Depois de quatro semanas, finalmente entendi o que o autor do Ursinho Pooh queria dizer com: "Não fazer nada geralmente leva à melhor parte de alguma coisa".

Meu sono melhorou, tenho ótimas ideias, estou inspirada e me sinto incrível. Terça é meu novo dia favorito! :)

Esse desafio também proporcionou uma oportunidade para autorreflexão. Me fez perceber quanto tempo eu passava em meus dispositivos e como era fácil me ver preso em um ciclo sem fim de rolar a tela, atualizar e checar notificações.

Eu estava lidando com um problema de trabalho, tentando resolvê-lo, quando o alarme disparou para iniciar a noite de Terça Sem Tecnologia. Em geral, eu teria passado horas debruçado no problema, tentando solucioná-lo, mas apenas me desconectei. Acordei na quarta-feira de manhã e pensei na melhor solução de todas. Estou convicta de que foi por ter deixado meu cérebro descansar.

É uma surpresa, mas meus filhos amaram. Percebi que o principal motivo para eles estarem usando seus dispositivos à noite é porque estou no meu. Eu me sentei para montar um quebra-cabeça com meu filho de 13 anos, e tivemos uma conversa profunda, coisa que é rara hoje em dia.

DEZ DICAS PARA UM DETOX DIGITAL

Talvez uma noite inteira sem tecnologia pareça um compromisso muito grande para você. Tudo bem. Você pode usar a tática do queijo suíço para ir mais além e descobrir pequenos hábitos ao longo da semana ou do dia para sentir algumas dessas conexões mais profundas e momentos de clareza. Aqui vão dez das minhas dicas preferidas para dar pequenos passos rumo ao detox digital.

1. **Coloque o celular para dormir; o ideal é que seja pelo menos uma hora antes da sua hora de deitar**. Atenha-se a isso e programe um despertador para deixar seu telefone distante, talvez carregando.

2. **Deixe o celular fora do quarto à noite**. Coloque o som alto se você precisar ouvi-lo por conta de emergências. Se não pode deixá-lo fora do quarto, pelo menos coloque-o *do outro lado*, para que você precise se esforçar para pegá-lo.

3. **Tente fazer *uma* coisa antes de pegar o celular logo pela manhã**. Faça um café, tome banho ou se vista antes de tocar em seu telefone.

4. **Encontre breves janelas de tempo para deixar o celular de lado.** Deixe-o de lado quando sair para uma caminhada rápida, enquanto põe as crianças para dormir ou apenas enquanto almoça. Faça o que for possível para

proporcionar momentos de clareza ao seu cérebro e permitir que as outras coisas nas quais você precisa pensar tenham tempo para "se infiltrar" nele.

5. **O método de exclusão.** Diga a si mesmo que precisa fazer algo quinze minutos *antes* de mergulhar na tecnologia à noite. Por exemplo, diga para si que, nas noites da semana, antes de ver TV, você precisa tricotar durante quinze minutos. Mantenha um período curto que seja fácil de dar continuidade.

6. **Altere a imagem de fundo do seu celular ou computador para algo neutro**, como a foto de um gramado ou um pano de fundo branco. Por quê? Porque é entediante ver uma tela azul sem nada. Não há um *estímulo* de felicidade para vivenciar, ao contrário de ver aquela foto fofa do seu cachorro. Vá mais além e configure seu telefone para usar a escala de cores cinza, que também reduz a tentação de mexer nele.

7. **Troque de celular com seu cônjuge/companheiro/ colega de apartamento** enquanto vocês veem TV ou jantam. Já ficou olhando as redes sociais ou o e-mail de outra pessoa? É um porre.

8. **Exclua aplicativos de redes sociais ou de notícias de seu celular** e acesse-os apenas pelo computador. Torná-los um pouco menos acessíveis vai impedir que você os utilize por hábito, e precisar rolar a tela com o mouse em vez do dedo torna a coisa toda menos interessante. Como alternativa, configure uma programação em seu dispositivo móvel para poder acessá-los em determinado momento ou imponha um limite de tempo.

9. **Use o método da moeda.** Ganhe um minuto de tempo de tela para cada minuto passado ao ar livre (em seu livro, nossa pediatra insiste nesse ponto em prol de nossos filhos!).* Diga a si mesmo que primeiro precisa ficar ao ar livre durante uma hora para só depois conquistar uma hora de TV.

10. **Considere mais algumas entre as seguintes formas para ajudar a reduzir a dependência que você tem de seu celular.** Adquira um despertador à moda antiga, use um telefone fixo em casa ou obtenha um cofre para o seu telefone que só destrava com um despertador após terminar a "hora de dormir" do aparelho.

O detox digital — mesmo que seja apenas uma noite por semana — cria o espaço mental de que precisamos para prosperarmos no trabalho e na vida e para nos conectarmos social e emocionalmente com colegas, família e nós mesmos. Ele elimina a névoa mental e proporciona um reinício muito necessário, evitando um burnout e promovendo tempo de produtividade. Você, talvez, descubra que, depois de dar esses pequenos passos, é possível fazer movimentos mais vastos para se afastar dos dispositivos de formas ainda mais drásticas ao longo da semana e que, quando for utilizá-los, será de um jeito melhor e mais intencional. Como já vimos, até a menor das mudanças pode fazer a maior diferença. Outra pequena mudança que você pode implementar é começar suas manhãs de um jeito diferente a fim de controlar o rumo do seu dia.

---

* Ana-Maria Temple. *Healthy Kids in an Unhealthy World: Practical Parenting Tips for Picky Eating, Toxin Reduction, and Stronger Immune Systems* (Charlotte: Integrative Health Carolinas, 2021).

PRÁTICAS DE PRODUTIVIDADE

- Escolha uma noite da semana que pareça possível e abra mão da tecnologia desde o jantar até a hora de dormir. Veja o que acontece e anote os benefícios.
- Encontre breves períodos ao longo do dia para se desconectar. À medida que esses momentos vão se tornando mais regulares, pergunte-se se você mudou seus hábitos de modo geral no que diz respeito à tecnologia.

Capítulo
19

MANHÃS CONSCIENTES

Após o sucesso do desafio da Terça Sem Tecnologia, decidi acrescentar um componente: Quarta do Despertar. A base era a ideia de que você podia aproveitar o clima de sua noite pacífica e desconectada de tecnologia (seguida por uma ótima noite de sono) durante uma hora a mais na manhã seguinte. Começar o dia com um período entre trinta minutos e uma hora fazendo algo que *você* quer fazer, sem mergulhar na tecnologia, pode ajudar a preparar você para um ótimo dia. Isso garante que você fez algo por si antes de fazer qualquer outra coisa. Essa rotina simples lhe dá mais pontos de energia para usar o restante do dia.

Chamo esses primeiros trinta minutos do meu dia de "Laura 30". Acordo antes do restante da minha família e faço o que quero, por meia hora, sem usar nenhum dispositivo. Em geral, começo com meditação. Depois, às vezes, leio, outras, toco piano usando os fones, e outras vejo cartões de afirmação ou escrevo em meu diário. Às vezes, faço um exercício em casa quando sei que não vou conseguir fazer isso durante o dia. A questão é que essa meia hora

246 • PRODUTIVIDADE SAUDÁVEL

é a rotina. É meu momento de fazer o que quero antes de passar o restante do dia fazendo o que outras pessoas querem. Nem sempre me planejo com antecedência. Decido naquela manhã o que quer que esteja a fim de fazer.

Um bloco de trinta minutos muda todo o meu dia e me impede de sentir que só caí da cama, verifiquei meu e-mail e entrei no modo mãe, seguido do modo trabalho, seguido do modo mãe outra vez. Ainda que eu faça todas essas coisas, me conforto em saber que comecei comigo antes de mais nada — enchendo minha própria caneca antes de dedicar minha energia aos outros. Encurtar minha noite em meia hora para dormir mais cedo e arrumar tempo para isso na minha agenda na manhã seguinte não impacta muito minha noite. No entanto, fazer isso permite que eu acorde e tenha essa meia hora ininterrupta, o que faz a maior diferença no meu dia. Esse mesmo período de trinta minutos no lado oposto da minha programação de sono causa um impacto imediato e positivo no meu dia.

Aqui estão alguns dos melhores feedbacks a respeito da Quarta do Despertar que recebi quando lancei esse desafio aos meus colegas no Google:

Adoro a Terça Sem Tecnologia, mas a Quarta do Despertar se mostrou ainda melhor. Costumo ler as notícias e colocar minhas notificações em dia assim que acordo. Não olhar para o telefone logo de cara parece ter me dado um pouco mais de foco ao longo do dia.

Percebi que passo boa parte das manhãs (logo depois de me levantar) só lidando com notificações e navegando em redes sociais no celular ou olhando e-mails que podem esperar. Sem isso para me distrair nas

Quartas do Despertar, acho que minha rotina matinal anda mais ágil e começo a trabalhar com uma mentalidade mais descansada!

COMECE SEU DIA ANTES DE PRECISAR COMEÇÁ-LO

Mesmo que você não seja uma pessoa matinal, insisto para que comece seu dia antes de pensar que precisa fazer isso. Não permita que o primeiro compromisso seja seu alarme. Comece o dia nos seus próprios termos. As crianças, uma videoconferência, um cão que precisa passear — não são essas coisas que devem fazer você despertar. Acorde para ter tempo para si, mesmo que sejam só quinze minutos antes das crianças, do cachorro e da videoconferência aparecerem.

Quando você controla sua manhã, você controla seu dia.

As manhãs não precisam ser só produtividade ou realizar algo grandioso. Sundar Pichai, CEO do Google, tem uma rotina matinal surpreendentemente simples que inclui um omelete e uma torrada, uma xícara de chá e ler um jornal impresso todo dia. O que você faz pela manhã é menos importante do que o ato de começar o dia com propósito e consistência.

Há um motivo para ouvirmos dizer que algumas das pessoas mais bem-sucedidas começam o dia mais cedo. Você não precisa estar de pé às 5 horas da manhã, mas, se for dormir um pouco mais cedo e começar seu dia antes do primeiro compromisso que tem, é mais provável que realize algo importante para si mesmo antes que o dia comece. Não conheço ninguém que programa o despertador para acordar cedo e jogar videogame, ver redes sociais ou maratonar um programa de TV antes de trabalhar, mas ficar acordado até tarde costuma ser preenchido por atividades como essas. Descubra a maravilha de seguir seus ritmos naturais para aproveitar ao máximo suas manhãs.

Saiba que as mudanças no seu horário de dormir podem levar um tempo para serem absorvidas. Se acordar mais cedo parece desafiador, use a tática do queijo suíço e comprometa-se a acordar apenas cinco minutos mais cedo por alguns dias. Talvez você aumente esse tempo depois de ver os benefícios de cinco minutos em quietude. Considere experimentar por uma semana acordar para sua própria atividade de meia hora. No fim da semana, anote como você se sente e pergunte-se se vale a pena dar continuidade. Escolha algo para fazer nos primeiros trinta minutos do seu dia que faça valer a pena o seu despertar. Para mim, é o tempo só meu. Para meu marido, é um rolinho de canela ou ler o *Wall Street Journal* sem ser interrompido.

OS TRÊS ITENS DA MANHÃ

Além de dar a si mesmo um tempo extra pela manhã, recomendo três coisas que vão ajudar a preparar você para um dia cheio de foco e satisfação.

1. **Música**: a música faz o clima. É o tom para o "sentimento ao fundo" que, às vezes, nem percebemos de maneira consciente. Já esteve em uma festa que o deixou com uma

sensação meio estranha? Garanto que não havia música alguma tocando ou, se havia, não era a música certa para o ambiente. Meu tempo como planejadora de eventos me ensinou que a música certa faz ou estraga o clima. Monte uma playlist matinal relaxante e positiva para colocar enquanto você toma café da manhã ou se arruma. Use um dispositivo inteligente para definir uma rotina e colocá-la para tocar automaticamente. Quando meus filhos descem para tomar café da manhã, uma música instrumental da Disney já está tocando em nossa cozinha.

2. **Iluminação**: nada instiga mais o cérebro a se estressar logo cedo do que uma iluminação intensa ou brilhante, e é por isso mesmo que ficar longe de seu dispositivo móvel pelos primeiros minutos do dia pode fazer uma enorme diferença, assim como ajustar a iluminação da sua casa. Tente reduzir a luminosidade ou acenda apenas os abajures em vez de ligar as luzes do teto. Na minha casa, deixo apenas as luzes sob os armários acesas na cozinha, e abro as cortinas do quarto dos meus filhos para acordá-los com a luz natural. Uso até um despertador que, à medida que se aproxima a hora de acordar, aos poucos vai ficando mais iluminado para imitar o nascer do sol.

3. **Um presente para o Você do Futuro**: nada é mais maravilhoso do que acordar e perceber que o Você do Passado fez algo para preparar o Você do Futuro para uma manhã agradável e livre de estresse. Não há nada como acordar e lembrar que você já esvaziou a lava-louças na noite anterior, já aprontou os lanches da escola ou já deixou sua bolsa de trabalho arrumada ou escolheu sua roupa. Essa sensação

de algo *já ter sido feito* é maravilhosa. Tento ter algo delicio-samente já preparado quando meus filhos descem, como se fosse um convite para o dia deles. Pode ser o café da manhã já feito, a caneca de leite já servida ou até mesmo, às vezes, um desenho para colorir com giz de cera para brincar enquanto preparo o café da manhã. Sei que eles se sentem bem quando são recebidos de manhã por algo que já foi preparado para eles, e eu sinto a mesma coisa. Para mim, é programar o temporizador do café na noite anterior para que já esteja pronto assim que eu acordar na manhã seguinte. Sem falar no cheio de café que ajuda a estimular meu cérebro a despertar mais rápido (um ótimo exemplo da *dependência de estado* que discutimos no Capítulo 10). É um mimo e tanto!

O PODER DA MEDITAÇÃO

Se uma pessoa me parasse na rua e pedisse para eu dizer algo que ela pudesse fazer para ser mais produtiva, eu não falaria nada sobre listas ou gerenciamento de tempo. Diria para encontrar tempo para meditar todo dia. *Por que passar dez minutos sem fazer nada ajuda você a fazer tudo?* Porque a meditação constante pode:[1]

- Baixar a pressão arterial.
- Aumentar clareza mental e foco.
- Aumentar o desempenho.
- Promover alívio do estresse.
- Melhorar o sono.

- Reduzir a ansiedade e a perda de memória.
- Aumentar a amplitude da atenção.

Tudo isso pode ser alcançado através da mesma atividade — apenas dez minutos por dia!

A meditação, às vezes, é considerada algo que as pessoas podem fazer para ficar *em paz*, o que, sem dúvida, é verdade. No entanto, é importante perceber que se trata também de um exercício mental bem direto. É higiene mental, assim como escovar os dentes faz parte da higiene bucal. É encontrar um espaço calmo *entre* os pensamentos. É a maneira mais rápida de se concentrar e um atalho para *treinar seu cérebro*. É se erguer *acima* da névoa em vez de tentar atravessá-la. É afiar a faca antes de cortar cem batatas-doces. Mais importante: é a forma mais rápida para o cérebro acessar um estado produtivo de tempo de produtividade. E leva só dez minutos por dia.

> "Se você não tem tempo para meditar por dez minutos,
> deveria meditar por vinte."
> — provérbio Zen

Quando não temos tempo para meditar, em geral, é quando mais precisamos disso. Tirar dez minutos para meditar vai fazer você achar que aquele bloco de trabalho de uma hora parece valer por duas. Vai prolongar aqueles momentos com as pessoas que você ama e permitir que você as curta de verdade. Acordei cedo no dia do meu casamento para meditar, porque eu queria começar com clareza mental enquanto vivenciava um dos melhores dias da minha vida. (Minha cabeleireira e maquiadora ficou um pouquinho brava porque eu me atrasei dez minutos, mas valeu a pena.) Como minha prática foi se tornando mais consistente, venho presenciando uma diferença considerável na maneira como meu dia flui e no tipo de pensamento que surge em minha cabeça. Mesmo que eu precise sair às 5 horas para pegar um voo, ainda me certifico de tirar o tempo para a meditação, porque sei como isso afeta meu dia.

Os benefícios da meditação, assim como o hábito da academia, levam um tempo para serem construídos. Após um dia, você não vai necessariamente sentir os resultados, mas provavelmente depois de dez dias vai. Após um mês, sem dúvida você vai se sentir diferente. Para começar, é preciso usar a tática do queijo suíço e encontrar um ponto de partida que pareça realizável. Se dez minutos por dia parecer demais, que tal dois? (Nunca se sabe... Você pode acabar ficando dez minutos!) O tipo de meditação não faz diferença. Meditação guiada, meditação de atenção plena, meditação com música. Há livros, aplicativos e vídeos na internet para ajudar você a começar. Pode ser tão simples quanto se sentar em silêncio por dez minutos e ouvir o ruído suave do ar-condicionado. Gosto do barulho de um rio correndo. É o ato de se concentrar em não se concentrar que é importante. Assim como diferentes tipos de exercício físico, encontre uma meditação de que goste e será bem mais provável que você dê continuidade a ela.

Uma prática de meditação regular permite que você se sinta mais presente, ajuda a criar mais espaço entre os momentos do seu dia e ressalta os pequenos detalhes de cada experiência. Por exemplo, no trabalho, talvez você se surpreenda ao se ver muito concentrado durante uma reunião (sem precisar deixar "à prova de criança" ou fechar todas as suas abas), menos estressado com um prazo que se aproxima ou com uma lista de afazeres particularmente grande,

MANHÃS CONSCIENTES • 253

tendo ideias mais criativas e/ou uma clareza mental mais aguçada — tudo isso como resultado de uma prática de meditação regular. Convenci um colega a começar a meditar e, depois de duas ou três semanas de prática diária, ele me disse que a mesma nebulosidade/problemas de trabalho estavam lá, mas ele tinha "se erguido" um pouco mais acima das nuvens, e, portanto, tinha sido menos afetado por essas coisas e conseguia ver tudo com mais clareza e de uma forma nova.

TREINAMENTO DE ATENÇÃO

Às vezes, as pessoas acham que certas atividades criam um estado parecido com o meditativo, e esse tipo de atividade pode ser útil quando *unida* à meditação. É parecido com ir à academia (meditação), mas *também* viver uma vida ativa (levar o cachorro para passear, fazer escalada, andar de bicicleta, subir escada). Atividades simples como tricotar, tocar um instrumento, ler um livro ou montar um quebra-cabeça ainda são momentos ativos do seu cérebro e ajudam a aumentar o músculo da concentração. Elas podem não ser tão poderosas quanto o tempo passado com foco em *nada* (meditação), mas muitos acham que atividades adjacentes que deixam a atenção focada ajudam a aumentar a clareza mental.

Todo ano, organizo um desafio de leitura (*One-Book-A-Week*) que chama os Googlers para ler num ritmo de mais ou menos um livro por semana durante um trimestre. Dei início a isso depois de descobrir que se trata de um hábito que algumas das pessoas mais produtivas do mundo adotaram. A leitura regular ajuda a treinar a atenção, a se expor a novas ideias e a criar espaço no cérebro. Um estudo mostrou que menos de seis minutos de leitura todo dia pode reduzir o nível de estresse de uma pessoa em 68%, ajudando a clarear a mente e minimizar a tensão do corpo.[2]

Muitos participantes dizem que as semanas do desafio de leitura acabaram sendo seu momento mais produtivo do ano — em todos os aspectos da vida. Não deixa de ser uma ironia, dado que eles acrescentam *mais* coisas em sua lista de atividades ao se comprometerem a ler um livro por semana. Isso acontece porque, no geral, estão mais focados, são mais intencionais no que diz respeito à programação de seu tempo para realizar coisas, estão fortalecendo os músculos de foco do cérebro ao ler e usando o método de exclusão para reduzir o uso de redes sociais, TV ou trabalho extra, porque precisam passar aquele tempo lendo. É um ótimo exemplo de como a produtividade e o bem-estar andam lado a lado. Para apresentar seu melhor desempenho e causar o maior impacto, você precisa estar bem descansado e bem nutrido, além de dar ao seu cérebro a chance de relaxar fazendo diferentes atividades, como ler.

LEVE A MAGIA DA MANHÃ COM VOCÊ

Mesmo que você ainda não tenha encontrado um tempo para uma rotina matinal com meia hora para você, eis aqui algumas maneiras de achar esses momentos — mesmo que por um segundo ou menos — de atenção plena ao longo do dia e replicar a magia que vem junto de uma manhã pacífica.

- Feche os olhos e saboreie o primeiro gole de uma bebida quente.

- Esteja totalmente presente no último momento de um banho quente antes de terminá-lo.

- Desligue a música/o rádio/o podcast no seu carro pelo último minuto de seu trajeto matinal e visualize como seu dia seria se tudo corresse dentro do planejado.

- Faça verdadeiro contato visual com qualquer pessoa com quem esteja falando ou interagindo (você deve saber a cor dos olhos da pessoa que anotou seu pedido!).

- Faça uma refeição ou um lanche sozinho, sem dispositivos, e pratique a verdadeira concentração na sensação de suas papilas gustativas.

- Use o ritmo do "ato de escovar os dentes" ou do ritual diário de início e fim para momentos com cônjuges/filhos/colegas de quarto. Concentre-se de verdade em estar presente na primeira saudação do dia e no último momento com eles no fim do mesmo dia.

- Aproveite ao máximo cada momento dentro de um abraço e nunca seja a primeira pessoa a soltar (faço isso com meus filhos!).

- Ouça um álbum inteiro ou uma música inteira em vez de pular para a próxima de imediato (você vai esquecer quanto gosta disso tudo).

- Pratique a gratidão usando o padrão *quando:então* para algo que você sempre faz. *Quando* calço meu sapato, *então* penso em algo pelo qual me sinto agradecido. *Quando* estou lavando as mãos, *então* tento sentir a água ali e me aterro ao momento presente.

- Quando estiver saindo apressadamente pela porta, deixando sua casa pelo restante do dia, pare na soleira e respire bem fundo, firmando-se no momento e se preparando para viver aquele dia. (Se você sai em grupo com parceiro/esposo/família, deem-se as mãos e façam isso juntos!)

Todos esses pequenos passos se tornam rotinas que ajudam a trazer paz, gratidão e atenção plena ao seu dia. Não precisa ser algo imenso ou que consuma muito tempo. Essas rotinas matinais e práticas de atenção plena, combinadas com o detox digital, ajudam você a se tornar produtivo e alcançar o tempo de produtividade com mais facilidade.

Então, como sabemos que "conseguimos"?

PRÁTICAS DE PRODUTIVIDADE

- Crie um bloco de tempo de meia hora para você pela manhã e decida a cada manhã o que gostaria de fazer. Faça o que estiver a fim de fazer no dia!
- Estabeleça uma prática de meditação diária — comece aos poucos e pegue leve.
- Comece sua manhã com uma música relaxante, uma iluminação suave e algo que já está deliciosamente preparado.
- Encontre alguns momentos ao longo do dia para praticar a atenção plena para ter clareza mental e os transforme em rotina.

Capítulo
20

CONQUISTANDO TEMPO DE PRODUTIVIDADE

A esta altura, você já decidiu em *que* se concentrar, sabe *quando* fazer, tem domínio de *onde* trabalha e sabe *como* fazer bem-feito. Você também estabeleceu as melhores práticas mentais para viver bem *enquanto* realiza as coisas.

Pessoas prósperas e bem-sucedidas, *de fato*, usam seu tempo mais deliberadamente do que uma pessoa mediana — e agora você tem as ferramentas para fazer o mesmo. Na verdade, vai se tornando cada vez mais fácil porque você executa tarefas de um jeito que parece natural e que segue "com o fluxo". Usa menos pontos de energia para fazer as mesmas coisas porque está seguindo com a correnteza. Ser produtivo não precisa ser difícil. É possível se ocupar de tudo que é certo e viver um dia feliz, totalmente à frente do que precisa ser feito no tempo de produtividade.

PEQUENAS MUDANÇAS, GRANDE IMPACTO

É importante lembrar que implementar essas dicas *em qualquer nível* vai fazer a diferença em sua vida e em seu trabalho. Se você só consegue definir um único limite, se tem apenas uma área de concentração, se elabora um modelo de agenda que funciona somente na metade do tempo — quaisquer dessas mudanças vão ajudar você a *sentir* a diferença.

Direção é mais importante que velocidade.

Imagine um carro no centro de um círculo. O carro é você e seu trabalho, e seu objetivo é completar o perímetro do círculo no tempo de produtividade. Se virar o volante só um pouquinho em qualquer direção e deixar o carro reto, ele vai acabar em um ponto radicalmente diferente do lado de fora do círculo. Isso — sua mira, seu curso, sua *intenção* — é muito mais importante do que a rapidez com que você trabalha e quanto está realizando ou produzindo em ampla escala. Certificar-se de conduzir o carro na direção certa é muito mais importante para onde você vai do que a velocidade com que chega lá. É dessa forma que você pode pensar nessas mudanças: mínimos ajustes de direção. Estabelecer prioridades permite que você se concentre no que importa. Aprender seus ritmos de energia leva você a trabalhar no momento e no lugar em que faz isso da melhor maneira. E meditar por dez minutos pode parecer uma pequena mudança diária, mas é o que vai manter sua velocidade estável e lhe dar completo domínio de sua direção geral.

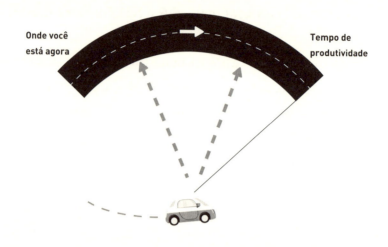

O QUE VEM POR AÍ?

Você pode estar empolgado com toda a informação que há neste livro, mas na dúvida de por onde começar. Talvez tenha lido o livro em um dia e agora esteja se perguntando como será o amanhã. Ou talvez queira saber como começar a implementar essas práticas aos poucos em sua vida profissional. No fim de meus treinamentos, dou às pessoas um momento para anotar três coisas que realmente chamaram sua atenção, e insisto para que você faça o mesmo. Se um amigo parasse você na rua agora mesmo e perguntasse três coisas que você aprendeu com este livro, o que você responderia?

Esses são os melhores pontos de partida — junto com as coisas que reverberaram e que seu cérebro já guardou na memória! Muito do que diz respeito às práticas de produtividade e à conquista do tempo de produtividade é usar os pontos fortes do cérebro — e entender suas fraquezas — para maximizar sua eficiência.

Alguns sentem que amam o próprio sistema de listas, mas precisam de ajuda com a sobrecarga de reuniões. Outros amam o formato da Lista Diária, mas não precisam de muita ajuda para encontrar tempo de ócio. Há ainda quem fique intrigado com o conceito de meditação e manhãs conscientes. Seu cérebro já realçou mentalmente as partes deste livro de que você mais precisa. Confie nele e comece daí. Pule para o capítulo que mais chamou sua atenção e comece pelas práticas de produtividade listadas no final dele.

Incentivo você a usar este guia como um livro de receitas (seguindo na ordem conjuntos específicos de instruções) ou um cardápio de sushi (misturando e combinando seções diferentes para encontrar uma combinação perfeita para você). Mas sempre comece pelo que deixa você mais empolgado! E lembre que implementar essas práticas *em qualquer nível* vai render benefícios no trabalho e na vida pessoal.

COMO MEDIR A PRODUTIVIDADE

As pessoas costumam me perguntar: *Como se mede a produtividade? Como sei que sou produtivo?* Em um negócio, podemos nos voltar para resultados, tais como o número de chamadas efetuadas, metas de receita, retenção de funcionários ou a quantidade de códigos escritos. No entanto, quando se trata de produtividade pessoal, o melhor indicativo de sucesso é *como você se sente*. Você pode se perguntar com regularidade: *Eu me sinto rejuvenescido? Estou à frente do meu trabalho? Estou me sentindo criativo? Presente? Equilibrado? Com energia?* Se responder que sim, isso é tempo de produtividade.

Onde quer que você esteja agora, sempre há um caminho para seguir na direção do seu tempo de produtividade. Com um trabalho de período integral e três filhos com menos de 5 anos, sem dúvida, há momentos em que me sinto estressada e sobrecarregada ou vezes em que as coisas não saem exatamente como planejei (como, por exemplo, meu filho ter nascido um mês antes, bem quando eu tinha me programado para finalizar este livro)! Quando esses imprevistos acontecem, eu me dou um desconto e, então, me ponho de volta nos trilhos, usando os métodos que delineei nestes capítulos. Minha esperança é que as ferramentas e técnicas neste livro possam lhe proporcionar o mesmo senso de confiança em sua capacidade de fazer as coisas e viver bem enquanto isso.

Muitas das pessoas que treinei ou orientei individualmente me mandaram um e-mail depois para contar que estavam mais felizes, trabalhando com mais eficiência e vivendo com mais clareza, e essa é a minha parte preferida. Esses testemunhos mostram o que significa dominar o *tempo de produtividade*. É sua vida, seu talento, seus interesses, suas intenções e suas prioridades executadas de maneira fluida enquanto você encontra o próprio bem-estar. É uma realização holística de todas as áreas da sua vida. Você tem as ferramentas — e agora, o que vai fazer com elas?

AGRADECIMENTOS

Primeiro, eu gostaria de agradecer a Deus, por ter me dado este dom; a Sundar, por ter me ajudado a reconhecê-lo; e aos Googlers, por terem permitido que ele crescesse (os mais de 55 mil de vocês na minha lista de Dicas Semanais e tantos outros que me apoiaram e incentivaram ao longo dos anos). Este livro e meu programa não existiriam sem todos vocês!

Agradeço a Bruce e Dom, por sua horas incontáveis debruçados sobre este texto, por toda sua honestidade, pelas ideias e pelo feedback que moldaram este livro no que ele é. Obrigada, Bruce, por ter gerenciado meus pontos de exclamação e uso de emojis em nível sensato :) e por ter dado a mim e a Dom a perspectiva externa de que precisávamos. Obrigada, Dom, por ter elaborado o título, me ensinado como minha própria voz soa na escrita e me ajudado a dar asas a isso — você causou um impacto imenso na minha vida e encaro você como um autor!

Agradeço a Ma'ayan, por ter transformado lindamente em imagens o que estava em minha mente e no texto. Sua criatividade em cada capítulo contribuiu imensamente para o produto final deste livro — sem falar no seu trabalho com meu programa ao longo dos últimos oito anos! Agradeço a meu agente, Jim Levine, por ter me guiado como autora de primeira viagem e por ter vivenciado meus ensinamentos antes mesmo que eu escrevesse sobre eles. (Obrigada, Jonathan e Alan, pelo apoio e por terem me apresentado a ele!)

Agradeço a Hollis (e Kirby!), por ter acreditado no meu livro desde o início e confiado em mim ao longo do processo. Isso me fez acreditar em mim mesma!

Agradeço aos Chicago Badmins (Tracy, Barb, Cadi e Kate), por terem sido as primeiras pessoas a se inscreverem na minha newsletter e me apoiado desde o comecinho. Obrigada, Kaisa Holden, por ter me convencido a fazer um curso g2g sobre gerenciamento de caixa de entrada, e Robert Kyncel e Jim Lecinski, por terem sido os primeiros a acreditar no meu trabalho executivo. Agradeço a Karen Sauder, por ter sido meu primeiro exemplo fantástico do que é ser uma ótima mãe e executiva. Obrigada, Alison Wagonfield, por ter adotado meu livro e me guiado ao longo de todo o processo. Sou grata a James Freedman, Marc Ellenbogen, Katie Wattie e Emily Singer por terem lido e a muitos outros por suas análises e apoio interno. Obrigada, Jenny Wood, por ter entrado no mundo da autoria comigo — eu não teria conseguido sem você! Agradeço a Neil e Gopi, por todos os conselhos. Sou grata a Chadwords, por ter sido a pessoa do Class Hotel que sei que sempre vai ter tempo de conversar comigo e por ter me ensinado a usar meu tempo *com sabedoria* no trabalho. Obrigada, Kyle Moncelle (e Josh!), por ser aquela amiga que chega junto e por compartilhar meu amor por livros. Agradeço a Kate Kolbert-Hyle, por ter sido a mentora, amiga e profissional que tanto admiro. Obrigada, Jess Kohen, por seu apoio e por ser a pessoa com quem discuto tudo, e, Sca, por estar ao meu lado desde o começo. Sou grata a Mark, Filipe e Lanaeschia, por me lembrarem como pode ser ótimo trabalhar com uma equipe e que colaboração é importante. Obrigada, Mama Bear Book Club e Time Travelers Wives (Michelle, Beth, Sarah e Summer), por terem ouvido minhas atualizações todo mês, me ajudando a pensar em títulos e me dando cinco anos de mistérios de assassinatos e conversas deliciosas — tomara que meu livro passe no nosso teste de avaliação no Goodreads!!!

Sou grata a Tom Oliveri, por ser um gerente maravilhoso e, mais importante ainda, uma pessoa atenciosa. Obrigada pela liberdade e pela estrutura para crescer e por ser minha maior história de sucesso com e-mails. Agradeço a Anas, por ter me ensinado a ser assertiva, a valorizar meu tempo e a priorizar minha família em um ambiente de negócios, por ter me mostrado meu potencial antes que eu o visse e me apoiado inúmeras vezes ao longo dos anos — você é o mentor mais influente que já tive. Obrigada, Dave Moerlein e Lindsey Schultz, por terem sido os melhores primeiros gerentes que eu podia ter e me incentivado (e moldado!) a fazer aquilo em que sou boa e pelo que sou apaixonada, e nunca, jamais aceitar menos.

Sou grata a Margo, por ter me ensinado que ter pirulitos na bolsa é a chave mágica para a maternidade e que planejamento e organização não são o que transforma uma casa em um lar, mas, sem dúvida, ajudam :). Obrigada, sra. Herbster, por ter me mostrado que criar experiências maravilhosas para os outros começa por imprimir coisas em papel neon e colocá-las em pastas de plástico (além de muito apoio e amor!) — você já sabe disso, mas quero dizer que você mudou a minha vida! Obrigada, DECA, por ter me ensinado profissionalismo e etiqueta, e POB, por ter me ensinado (muito antes de eu acreditar em você) que o batom, de fato, é o toque final. E minha eterna gratidão a Ester Hicks, minha autora favorita e palestrante que inspira muito do que eu faço e escrevo.

Agradeço a Michele, por ser boa em literalmente tudo em que qualquer um pode precisar de ajuda e por usar muitos desses superpoderes para me ajudar. A Tita, melhor amiga, irmã, escritora, cozinheira, conselheira de acampamento, colega de trabalho, babá, florista, confeiteira, doula de pós-parto, analisadora cromática e por aí vai. E obrigada por editar o livro. Não apenas editar, mas adicionar valor. Viu o que eu fiz aqui? Viu? Obrigada por ter me dito a verdade que todo mundo estava pensando sobre o texto, mas ninguém dizia. Você é uma verdadeira coautora e merece crédito. E agradeço à equipe de dicas semanais (Jake Gordan e Paul Teresi), por serem o grupo pequeno, mas poderoso, que apoia minha newsletter.

Obrigada a meus pais, por terem me criado para acreditar que eu podia fazer qualquer coisa que quisesse e por terem me apoiado durante toda a jornada. Obrigada, Moom, por ter levado Ford para passear no carrinho enquanto eu terminava de escrever, e Faj, por fazer da nossa infância Mais um Dia no Paraíso e por ter dito que este foi o melhor livro que você já leu nos últimos dez anos! (É o único livro que você leu nos últimos dez anos…) Agradeço a Leigh e D Sal, por sempre acreditarem em mim (como daquela vez que eu, com certeza, tomei um remédio para tosse e vocês acreditaram em mim). Sou grata a Pam e Bob, por tanto apoio com nossos filhos e por terem me deixado escrever a primeira parte deste livro na mesa de sua sala de jantar.

Agradeço a Marie, por ter me ensinado que gerenciamento de tempo antes de um filho e gerenciamento de tempo depois de um filho são coisas COMPLETAMENTE diferentes — você abalou nossas estruturas da melhor forma possível e continua a iluminar nosso mundo todos os dias. Obrigada, Xavier, por ter me ensinado o que é a mais pura alegria e ter pedido que eu parasse de cantar ao colocar você na cama, o que, na verdade, me ajudou a lembrar como o silêncio é especial. Obrigada, Ford, por me lembrar que nem mesmo os melhores planejadores podem se planejar quando um bebê chega. Você e eu fizemos este livro juntos. Ser mãe de vocês três é o melhor trabalho que vou ter.

E sou grata a Jake, meu marido, por ser meu fã número 1. Você é um pilar da minha produtividade e do meu bem-estar. Também é a pessoa mais inteligente que conheço. Obrigada por ter me acalmado quando minha bolsa estourou e o livro não estava nem perto de ser concluído. Obrigada por ter cuidado de qualquer coisa de que eu precisasse para que eu pudesse terminar o livro. Obrigada por ser meu primeiro leitor e meu melhor amigo. Sinto que tenho muita sorte por ter publicado um livro, mas isso não é nada comparado a como me sinto sortuda por termos a linda vida que construímos juntos.

NOTAS

Introdução

1. REIFF, J. S.; HERSHFIELD, H. E.; QUOIDBACH, J. Identity Over Time: Perceived Similarity Between Selves Predicts Well-Being 10 Years Later. **Social Psychological and Personality Science**. Nova York, v. 11, n. 2, p. 160–67, 2020.

Capítulo 1

1. KONOVALOV, A.; KRAJBICH, I. Neurocomputational Dynamics of Sequence Learning. **Neuron 98**, Massachusetts, n. 6, p. 1282–93, 2018.
2. MIND TOOLS. **Eisenhower's Urgent/Important Principle: Using Time Effectively, Not Just Efficiently**. Disponível em: https://www.mindtools.com/al1e0k5/eisenhowers-urgentimportant-principle.
3. EISENHOWER, D. D. Address at the Second Assembly of the World Council of Churches, Evanston, IL, American Presidency Project. Disponível em: https://www.presidency.ucsb.edu/node/232572.

Capítulo 3

1. GARDNER, S.; ALBEE, D. **Study Focuses on Strategies for Achieving Goals, Resolutions**. [comunicado de imprensa 266], Dominican University of California, fev. 2015.
2. TRACY, B. **Eat That Frog!**. Oakland: Berrett-Koehler, 2017. cap. 2. [Ed. bras.: **Comece pelo mais difícil:** 21 ótimas maneiras de superar a preguiça e se tornar altamente eficiente e produtivo. Rio de Janeiro: Sextante, 2017.]
3. *Idem*, introdução.

Capítulo 4

1. KALMBACH, D. A. *et al.* Genetic Basis of Chronotype in Humans: Insights from Three Landmark GWAS. **Sleep**, v. 40, Fev. de 2017.
2. WIETH, M. B.; ZACKS, R. T. Time of Day Effects on Problem Solving: When the Non-Optimal is Optimal. **Thinking and Reasoning**, v. 17, n. 4, p. 387–401, 2011.

268 • PRODUTIVIDADE SAUDÁVEL

Capítulo 5

1. WEB DESK. Find Out the Daily Routines That Drive 40 Successful Business Leaders. **Digital Information World**, maio 2021. Disponível em: https://www.digitalinformationworld.com/2021/05/the-work-routines-of--musk-branson-dorsey-37-other-business-leaders.html.

2. RUBENSTEIN, J. S.; MEYER, D. E.; EVANS, J. E. Executive Control of Cognitive Processes in Task Switching. **Journal of Experimental Psychology**: Human Perception and Performance, v. 27, n. 4, p. 763–97, 2001.

Capítulo 7

1. PYCHYL, T. A. **Solving the Procrastination Puzzle**. Nova York: Tarcher/Penguin, 2014.

2. CHRIS BAILEY. Here's Why You Procrastinate, and 10 Tactics That Will Help You Stop. Entrevistado: Tim Pyshyl. mar. 2014. Disponível em: https://chrisbailey.com/why-you-procrastinate-10-tactics-to-help-you-stop/.

Capítulo 8

1. DAVIES, S.; UZODIKE, J. **The Montessori Baby**. Nova York: Workman, 2021. cap. 5. [Ed. bras.: **O bebê Montessori:** guia para criar bebês com amor, respeito e compreensão. São Paulo: nVersos Editora, 2022.]

2. HESHMAT, S. 5 Benefits of Boredom. **Psychology Today**. abr. 2020. Disponível em: https://www.psychologytoday.com/us/blog/science-choice/202004/5-benefits-boredom.

3. MANN, S.; CADMAN, R. Does Being Bored Make Us More Creative?. *Creativity Research Journal*, v. 26, n. 2, p. 165–73, 2014.

Capítulo 10

1. MURRE, J. M. J. The Godden and Baddeley (1975) Experiment on Context-Dependent Memory on Land and Underwater: A Replication. **Royal Society Open Science**. V. 8, n. 11, 2021.

Capítulo 13

1. PERLOW, L. A.; HADLEY, C. N.; EUN, E. Stop the Meeting Madness. **Harvard Business Review**. p. 62–69, jul./ago. 2017.

2. ROGELBERG, S. G.; SCOTT, C.; KELLO, J. The Science and Fiction of Meetings. **MIT Sloan Management Review**. p. 18–21, dez. 2007.

3. ROGELBERG, S.; ALLEN, J.; SHANOCK, L. et al. Employee Satisfaction with Meetings: A Contemporary Facet of Job Satisfaction. **Human Resource Management**. p. 149–72, mar. 2010.

4. HEROLD, C. **Meetings Suck:** Turning One of the Most Loathed Elements of Business into One of the Most Valuable. Texas: Lioncrest, 2016. cap. 5.

5. BLENKO, M. W.; MANKINS, M. C.; ROGERS, P. **Decide & Deliver**. Boston: Harvard Business Review Press, 2010. cap. 4. [Ed. bras.: **A organização que decide:** cinco passos para revolucionar o desempenho de sua empresa. Rio de Janeiro: Campus, 2010.]

Capítulo 14

1. COHEN, A. How Keyboard Shortcuts Could Revive America's Economy. **Brainscape**, s/d. Disponível em: https://www.brainscape.com/academy/keyboard-shortcuts-revive-economy/.

Capítulo 15

1. MARK, G.; GUDITH, D.; KLOCKE, U. The Cost of Interrupted Work: More Speed and Stress. **CHI '08:** Proceedings of the SIGCHI Conference on Human Factors in Computing Systems. p. 107–10, abr. 2008.
2. ACHOR, S. **Happiness Advantage**. Nova York: Crown Business, 2010. part. 2. (Princípio 6). [Ed. bras.: **O jeito Harvard de ser feliz:** o curso mais concorrido da melhor universidade do mundo. São Paulo: Saraiva, 2014.]

Capítulo 16

1. NETIMPERATIVE. **Email Marketing:** Open Rate Increased by Over a Quarter Compared to March. maio 2020. Disponível em: https://www.netimperative.com/2020/05/13/email-marketing-open-rate-increased-by--over-a-quarter-compared-to-march/.
2. MARK, G.; IQBAL, S. T.; CZERWINSKI, M. *et al.* **Email Duration, Batching and Self-interruption:** Patterns of Email Use on Productivity and Stress. CHI Conference, maio 2016.
3. WHITTAKER, S.; MATTHEWS, T.; CERRUTI, J. *et al.* Am I Wasting My Time Organizing Email? A Study of Email Refinding. **CHI '11:** Proceedings of the SIGCHI Conference on Human Factors in Computing Systems, p. 3449–58, 2011.

Capítulo 17

1. NEAL, D. T.; WOOD, W.; QUINN, J. M. Habits – A Repeat Performance. **Current Directions in Psychological Science.** v. 15, n. 4, p.198–202, ago. 2006.
2. LALLY, P.; JAARSVELD, C. H. M. van; POTTS, H. W. W.; WARDLE, J. How Are Habits Formed: Modelling Habit Formation in the Real World. **European Journal of Social Psychology.** v. 40, n. 6, p. 998–1009, jul. 2009.
3. PINK, D. H. **When**. Nova York: Riverhead Books, 2018. part. 2, cap. 3. [Ed. bras.: **Quando:** os segredos científicos do timing perfeito. Rio de Janeiro: Objetiva, 2018.]

Capítulo 18

1. FULLER, K. JOMO: The Joy of Missing Out. **Psychology Today**. jul. 2018. Disponível em: https://www.psychologytoday.com/us/blog/happiness-is-state-mind/201807/jomo-the-joy-missing-out.

Capítulo 19

1. THORPE, M.; AJMERA, R. 12 Science-Based Benefits of Meditation. **Healthline**. maio 2023. Disponível em: https://www.healthline.com/nutrition/12-benefits-of-meditation.
2. CHILES, A. Reading Can Help Reduce Stress, According to University of Sussex Research. **The Argus**. mar. 2009. Disponível em: https://www.theargus.co.uk/news/4245076.reading-can-help-reduce-stress-according-to-university-of-sussex-research/.

Este livro foi impresso pela Vozes, em 2024, para a HarperCollins Brasil.
O papel do miolo é avena 80g/m², e o da capa é cartão 250g/m².